정신분석적 미술치료

Krisen auf dem Lebensweg

Gisela Schmeer 저 | 정여주 · 김정애 공역

학지사

매듭에 대해 알지 못하는 사람은 매듭을 풀 수 없다.

−아리스토텔레스−

  미술치료사는 바다 깊숙이 감추어진 다양하고도 매력적인 모습의 자원을 찾는 잠수부에 비유할 수 있다. 잠수부가 바닷속 다채로운 색의 생명체를 발견하는 것처럼, 미술치료사도 미술이 지니는 풍부한 심리적 자원을 찾고 있다. 정신과 의사이자 미술치료사인 저자 슈메어 박사는 매듭에 대한 아리스토텔레스의 말을 인용하면서 이 책을 시작한다. "매듭에 대해 알지 못하는 사람은 매듭을 풀 수 없다."

  이 책은 미술치료를 통한 매듭을 푸는 방법으로 자연과학, 인문과학, 예술을 포함한 다양한 학문의 통합과 전체성을 지향하는 저자의 학문적 입장을 제시한다. 저자는 정신분석과 미술치료를 이러한 입장에 근거하여 연구하면서 발견한 보편성의 원리를 이론과 사례를 통하여 흥미롭고도 유익하게 풀어 나간다.

  이론에서는 미술치료의 정신분석적 관점과 체계적 관점을 다양하게 제시하고 있다. 또한 내담자의 신체그림을 통한 삶의 건강한 흐름과 장애 및 차단 사례는 심신의 건강은 분리될 수 없다는 인식을 다지게 한다. 나아가 저자는 위기 상황을 보여 주는 그림의 여러 요소가 서로 대화하는 방법을 적용함으로써 내담자 스스로 자신의 자원을 깨닫도록 도와준다.

　슈메어 박사는 미술치료의 학문적 발전을 위해 미술치료사들과 후학들에게 다양한 시도를 하며, 동시에 치료사는 넓은 안목과 '초보자 정신'을 잃지 말아야 한다고 강조한다.

　최근에 미술치료에 대한 관심이 높아짐과 더불어 학문적 발전도 눈여겨 볼 만하다. 그러나 아직 이론적 바탕이나 인간과 환경에 대한 깊이 있는 성찰이 부족하여 부작용 또한 염려하지 않을 수 없는 상황이다. 이 책을 번역하면서 미술치료의 바다 깊숙한 곳에 얼마나 많은 자원이 있을지 다시금 기대하게 되었고, 치료사로서 그동안 고심해 왔던 어려운 매듭을 풀 실마리를 얻게 되어 대단히 기쁘다.

　이 책이 마음의 매듭을 풀고자 하는 분들에게 도움이 될 수 있기를 진심으로 바라며, 미술치료 책 출판에 항상 깊은 관심과 애정을 보여주시는 학지사 김진환 사장님, 편집부의 하시나 님과 모든 직원 분들에게 고마운 마음을 전한다.

정여주 · 김정애

미술치료는 미술을 매개로 한 치료방법이다. 그림이 심리치료나 정신분석치료와 연결되든 혹은 그리는 과정 자체를 치료라고 하든 미술치료는 병이나 장애로 인하여 정신적·신체적 균형을 잃은 사람들에게 도움과 도움의 방법을 제시하는 의학의 과제, 정확히 말하면 전체성을 지향하는 의학 영역이다.

미술치료에서는 진단과 치료를 담당하는 의학, 생물에너지 및 순환논리의 자연과학, 인간 심리와 정신의 발달사 및 문화사에 대한 인문과학 지식, 철학, 표현을 통해 인간적 실존을 초월하는 미술과 영성이 서로 독특한 방식으로 만나게 된다.

필자는 50여 년 전에 내담자들이 그린 그림들을 의학과 심리치료에 적용하기 시작하면서, 이러한 다양한 학문을 넘나드는 미술치료에 대해 통합적 견해를 다져야 한다는 도전의식을 가졌다. 이러한 생각은 8년 전에 정신분석 미술치료를 본격적으로 강의하면서 더 구체화되었다.

필자는 서로 다른 학파들, 즉 자연과학에 기반을 둔 임상의, 정신적

이며 지적인 정신분석가와 심리치료사, 다양한 실습과 임상 경험으로 진정성을 지닌 많은 예술가 및 작업치료사와 함께 일하면서 모든 학문이 지닌 보편적이면서도 유효한 법칙을 발견했다. 이러한 경험을 통하여 항상 모든 것을 함께 고려하며, 그러한 지식을 소화하고 조정할 수 있게 되었다.

이 책은 그러한 포괄적이며 보편적인 법칙, 소크라테스 이전 철학[1]에 이미 나타난 '모든 것은 흐르고 변한다.'는 'panta rhei', 인생 유전(流轉) 원리를 기반으로 삼는다. 다시 말해, 필자의 미술치료는 심신 균형과 건강 원리인 삶의 흐름 원리, 장애와 병의 원인이 되는 삶의 장애 원리, 정체 및 생물에너지의 차단 원리에 근거한다.

마지막으로 자신들의 그림을 사용할 수 있도록 기꺼운 마음으로 허락해 주신 분들에게 지면을 빌려 진심으로 감사를 드린다. 또한 필자에게 처음으로 정신분석을 지도해 주신 프리츠 리만(Fritz Riemann) 스승님에게도 감사의 마음을 전하고자 한다. 오랜 세월 동안 감동을 받았던 이분의 성품과 폭넓은 시야는 오늘날까지도 잊히지 않는 내 삶

의 모델이다. 또한 체계적 관점의 작업을 할 수 있도록 자극을 주신
베르트 헬링거(Bert Helinger) 씨와 마티아스 바르가 폰 퀴베트(Matthias
Varga von Kybéd) 씨에게도 깊은 감사를 드린다.

Gisela Schmeer

차 례

들어가며

들어가며

　모든 복지의 기본은 몸이다. 필자는 이러한 생명 원리에서 출발하여, 내담자가 그린 신체상에 심신의 건강을 상징하는 에너지 흐름과 건강하지 않은 상태인 에너지 차단이 어떻게 나타나는지 살펴보고자 한다.

　생명 흐름인 혈관, 소화관, 신경관, 요로와 신체 에너지관의 기능은 인간의 심리적, 운명적 인생행로와 유사하다. 그림에서도 이와 같은 흐름과 차단의 역동들을 읽을 수 있다. 놀랍게도 정신적, 종교적, 영적 흐름에서도 그와 유사한 흐름과 경로 및 차단의 상징을 볼 수 있다.

　이 책은 전체 3장으로 구성되었으며, 각 장마다 다른 차원을 다루지만 서로 연결되어 있다. 이 책을 통하여 미술치료의 놀라운 잠재력과 미술치료가 인간 존재의 모든 면인 신체와 심리와 정신에 폭넓게 다가

가서 보편적 생명 원리에 통합적으로 기여한다는 것을 알 수 있기를
바란다.

1. 미술치료의 정신분석적 관점

정신분석이론은 정신역동 원리를 가장 오랫동안 적용하며 이미 수
십 년 동안 영적, 신체적, 정신적 영역의 상호작용을 다루었기 때문에
필자의 미술치료 접근도 이에 기반을 두고 있다.

프로이트(S. Freud)의 연구방법과 치료방법인 정신분석은 본질적으
로 내적 조망(자기관찰), 고찰(반성), 무의식의 심리과정에서 반복되는
기억과 말로 표현되는 것(언어화)에 기반을 둔다. 심리치료 방법으로
서의 정신분석은 내적 갈등전략을 변화시킬 수 있다.

정신분석은 프로이트의 정신구조 모델에 근거한다. 여기서 자아
(Das Ich)는 조직자의 기능을 가지고 있다. 다시 말해, 자아는 인간 존

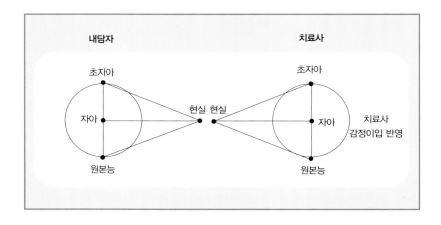

재에 대한 관심으로 원본능(Es)과 초자아(Über-Ich)와 현실 관점의 일치점을 찾는 조직자다. 정신분석가는 오래전부터 감정이입에 공감하는 입장이었으나, 관찰자와 동반자로서 오히려 내담자의 과정에 관여하지 않는 것처럼 보였다.

🐦 프로이트의 구조 모델[2]-체계 확장

정신분석 연구는 수십 년 전에 치료사의 의식적, 무의식적 반응인 역전이가 진단과정과 치료과정에 점점 더 중요한 역할을 한다는 것을 인식하면서 체계이론을 확립했다. 그 결과 대상의 특성이 아니라 대상관계가 주된 관심을 받게 되었다. 여기에서 관찰자는 관찰의 발단을 반드시 발견해야 하는 것이 중요한 전제조건이다(Simon[3]). 따라서 이 책은 확장된 구조 모델과 치료과정 모델을 동시에 적용한다. 이 모델에서는 치료사의 정신세계와 행동으로 나타나는 의식과 무의식의 모든 과정이 내담자의 정신세계와 행동으로 나타나는 의식과 무의식의 모든 과정과 지속적으로 상호작용한다. 따라서 미술치료에서 그려진 그림들은 제3의 대상이 된다.

치료사가 무의식적으로 표현하는 음색과 정서의 질, 내적 이미지, 금기와 차단은 매우 중요하다. 치료사의 이러한 정보(input)는 내담자의 신체적, 영적, 정신적 조정과 창의적 과정에 영향을 미치며, 그 결과 내담자의 그림 내용(output)으로 나타난다. 다시 말해, 내담자 혹은 (그리고) 내담자의 그림에 대해 말하는 미술치료사는 항상 자기 자신에 대해서도 말하게 된다. 이것은 '학술' 저서를 집필하는 모든 저자에게도 해당된다.

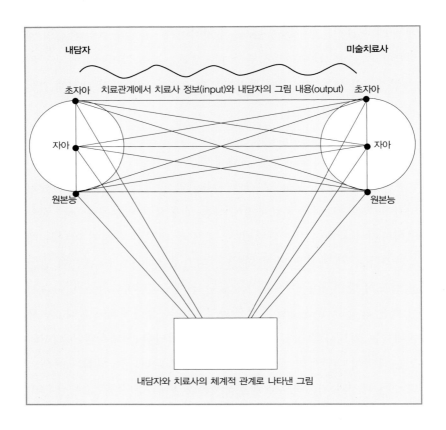

내담자와 치료사의 체계적 관계로 나타낸 그림

그림 표현-행동화인가?

고전적 정신분석은 신체언어나 그림과 같은 의사소통 형태를 언어의 행동화, 다시 말해 의식의 최상 형태인 언어를 우회적으로 표현한 것으로 해석했다. 그에 따라 내담자는 신체 표현과 그림 표현에서 기억보다 행동을 통해 과거 경험을 반복하며 의식의 저차원에 머물러 있게 된다.

언어가 이렇게 높은 위상을 가진 정신분석에서 '정신분석 미술치료'가 어떻게 가능할 수 있을까?

수십 년 전부터 내담자가 그리는 그림을 간과하지 않고 놓치지 않으려는 정신분석가들이 있었다.[4] 내담자는 치료시간에 자신의 그림이나 미술작품을 가지고 온다. 내담자는 자발적 혹은 습관적으로 자기 자신을 그려, 그것을 정신분석 과정에 연결하고 싶어 한다. 내담자는 말로 자신을 표현하기 어렵기 때문에 이러한 방식으로 자신을 좀 더 많이 보여 주거나 이해받고 싶어 한다.

어떤 전문가도 그림에 대해 예언할 수 없다!

정신분석가는 내담자의 꿈과 내적 이미지를 다루는 데 익숙하다. 분석가는 내담자의 이야기를 이미지화하는 훈련을 받았고 그런 방면에 더 많은 재능을 지니고 있다. 그럼에도 불구하고 분석가는 이제까지 '단지' 말만 하던 내담자가 꿈, 갈등, 감정을 그림으로 그리기 시작하면 매우 놀라게 된다. 분석가가 내담자의 말을 경청하면서 생각했던 것과 그림은 항상 다르게 보인다. 다시 말해, 그림에는 더 많은 색, 더 과장된, '더 건강한', 더 약한, 더 찢겨진, 더 위협적인, 더 세밀한, 더 불행한, 더 풍성한, 더 추상적인, 더 '흙냄새가 나는', 더 영성적인 표현 등이 나타난다. 어떤 노련한 분석가도 내담자가 종이에 그려 놓은 선과 색의 구성과 공간 배분에 대해 정확하게 예언할 수 없다.

그러나 분석가는 내담자의 그림에서 퇴행과 전진의 역동, 분열되고 중심화되는 모든 움직임을 보거나 감지하거나 느낄 수 있으며 공감할 수 있다. 그림은 이제까지 지나쳐 버린 것들을 알려 주고 통지해 주며, 내담자의 자원과 문제해결을 제시하는 조력자, 제3자의 역할을 한다.

수정된 정신분석

정신분석학파는 수년 전부터 이러한 가능성을 열어 두고 융(C. G. Jung)[5]이 자신의 내담자들에게 적용했던 적극적 상상과 그림 표현을 확장하거나 수정했다. 그 예로 필자의 세미나를 통하여 정신분석 미술치료학파가 만들어졌는데, 여기서 중점을 두는 것은 그림과 그림 요소에 대한 정신역동 이해와 치료다. 여기에 심리진단과 치료적 단서는 정신분석 원리를 받아들인다.

위기 상황에 있는 내담자는 치료사의 맞은편에 앉는다. 치료사는 내담자의 그림을 보면서 내담자에게 과도한 능력을 부당하게 요구하지 않기 위해, 내담자의 표정과 몸의 움직임 그리고 '신호'를 잘 인지해야 한다. 또 염두에 두어야 할 것은 그림이 자주 무의식을 과잉공급한다는 것이다.

다른 언어 매체로서의 그림

미술치료사는 내담자가 그린, 시각적으로 보이는 정신적 풍경화를 통하여 그와 동행할 수 있다. 이러한 그림에는 미로, 다양한 색의 동그라미와 색 얼룩, 수수께끼 같은 상징, 실체와 형상화, 혼돈스러운 분열, 강박스러운 꼼꼼함, 폐허 더미, 불안 상징, 분노 상징, 과장된 섹스 상징, 부서지는 파도와 물가, 위태로운 방랑과 정지 지점이 있다. 치료사의 치유 처방은 내담자가 통합하고 소화할 수 있을 만큼의 그림 요소들만 '다루는' 것이다. 그림을 고려하는 '정신분석의 수정' 방식이나 무게중심이 옮겨진 '정신분석 미술치료' 방식의 통합과정은 다시 언어로 연결된다. 여기서 그림이나 미술작품은 더 깊고, 더 심원하며, 더 풍성하고, 더 다채로우며, 진실에 보다 더 가까운 언어의 매체가 된다.

인식과정

미술치료는 다양한 무게중심을 지니고 있다. 이러한 무게중심 중의 하나가 표현이다. 미술의 중심은 표현이다. 자신을 그림으로 표현하는 내담자 능력은 미술치료사를 통하여 촉진된다.

정신분석 미술치료에서는 인식과정이 매우 중요하다. 인식과 의식화는 심리적 과정을 통하여 나온 모든 것과 관련이 있다. 다음의 사례를 통해 이러한 맥락을 살펴보고자 한다.

37세의 여성 내담자는 어떤 주제를 생각하지 않고 즉흥적으로 다음의 그림을 그렸다.

① 고 착

이 내담자의 그림에는 어머니가 주도적 역할을 한다. 그림을 그린 여성은 어머니에게 고착되어 있다. 내담자는 "이 사람이 내 기억 속의 어머니입니다."라고 말한다. "어머니는 자기우울의 검은 종 아래에서 무릎을 꿇고 등을 굽혀 배려를 구걸하고 있어요. '내가 죽게 되면 그

것은 모두 너희들 때문이다!'라고 우리 세 자식에게 늘 말했지요. 그
러던 어느 날 어머니는 자살했습니다."

나무에 붙어 있는 듯 앉아 있는 내담자는 어머니가 남겨 둔 빚 꾸러
미를 응시하고 있다. 이 빚에 시달려 그녀의 정신적 에너지는 소진되
었다. 이러한 죄책감의 굴레는 발전의 방향을 상징하는 오른쪽 길도
막고 있다.

② 정신역동에서 본 자아

그림 속의 자아[6]는 그림을 그린 사람이 "이것이 나입니다."라고 힌
트를 주며 말하는 곳에서 발견될 수 있다.

그림을 그린 여성은 나무에 기대 앉아 두 팔을 어머니 쪽으로 내민
다. 어머니는 검은 동굴 안에서 무릎을 꿇고 자신도 팔을 뻗고 있지

만, 시선은 다른 쪽으로 향하고 있다.

앉아 있는 여성의 시선이 왼쪽을 향한 것으로 보아 퇴행 상태며, 간청하는 듯한 의존적인 두 손은 무기력해 보인다.

③ 전이/투사

자발적으로 그려진 모든 그림은 관계의 요소를 지닌다. 그림에 나타나는 인물뿐 아니라 교통수단, 길, 강, 동물, 색, 대상물 사이에도 특별한 관계역동이 존재한다. 정신분석 미술치료사들은 이러한 관계역동을 항상 두 가지 배경, 즉 현실적 배경과 투사적 배경에 근거하여 탐색한다.

예를 들면, 치료사는 이러한 그림을 보면서 자문한다.

- 나와 내담자 사이에 이와 비슷한 감정이 있는가?
- 나는 내담자가 기댈 수 있는 상징적 나무가 될 것인가?
- 내담자는 미래를 향하여 팔을 들고 출발을 하려는 자신의 설레는 분위기와 활동을 나에게 기대하는가?
- 내담자는 죄책감 콤플렉스(예: 치료에 오지 못한다고 말해야 되거나 지각하게 되었을 때, 간혹 나를 거부했을 때)를 나에게 떠넘기는가?
- 내담자는 그림에는 나타나지 않은 아버지에 대한 감정을 나에게 떠넘기는가?

④ 역전이

만약 미술치료사 자신도 이와 비슷한 상황을 경험했다면 내담자의 감정과 자신의 부정적 감정이 뒤섞여 내담자의 모성 콤플렉스를 분석하고 해결하기보다 그것을 '키우는' 쪽으로 기울 수 있다.

자신의 삶에서 아버지의 존재를 배제하고 몰아내거나 분리한 치료사는 이 그림에 아버지가 없다는 것을 알아채지 못할 수도 있다. 치료사의 이러한 '거부'나 '눈에 보이지 않는 흠'은 내담자가 가진 문제와 동일할 수 있으며, 이러한 점은 치료에 장애로 작용할 것이다.

자기분석이나 분석적 자기경험집단을 수료한 미술치료사는 그림이 자기에게 어떤 역전이 감정을 불러일으켰는지 인식하고 그것을 진단적 보조도구로 이용한다.

⑤ 저 항

치료사가 내담자에게 처음 그린 그림의 오른쪽에 새 종이를 붙여서 자신과 어머니 사이에 거리를 두거나 아니면 새로운 관계를 그리도록 제안하자, 그녀는 마지못해 받아들인다. 정신분석학파의 미술치료사들도 저항을 진지하게 받아들여 분석가가 하는 동일한 방법을 사용한다. 이 사례에서 내담자가 죄책감 콤플렉스에 대한 집착을 포기하는 것은 어머니로부터 분리되는 의미를 지닌다.

새로운 그림을 그리고 싶어 하지 않던 내담자는 치료사가 그러한 거부와 저항을 다루어 주자 마침내 자신의 삶을 한 폭의 풍경화로 그릴 수 있었다. 그림에는 남매들이 손을 잡고 길을 따라 걷고 있었다. 이 그림의 새로운 환경을 보면, 아무도 더 이상 오래된 죄책감에 매이지 않은 모습이다. 검은 종 형태로 표현된 오래된 죄책감은 더 이상 내담자에게 영향을 미치지 않게 되었다.

⑥ 콤플렉스 해결

그림에서 자유롭게 흐르는 강물이나 길을 차단하는 것으로 표현되는 '콤플렉스'는 정신분석이론에서 볼 때, 에너지들을 '집어삼키고' 방어기제에 묶어 두는 고착에 해당된다.

그림에 상징적으로 표현되는 콤플렉스들은 그 자체로 닫혀 있는 정신역동이고 에너지 영역이며, 자주 정신의 일부분으로 삶의 흐름을 차단된 존재다.

노련한 미술치료사는 그림에 나타나는 콤플렉스를 진단할 수 있다.

콤플렉스를 의식화하여 정서적 작업을 함으로써 내담자는 과거와 연결된 에너지들을 새롭게 분배하게 된다. 즉, 콤플렉스에 대한 치료적 해결을 한다. 이러한 미술치료 개입을 통하여 콤플렉스가 의식화되고 가벼워지면서 내담자의 얼굴표정이 밝아지고 행동도 변화를 보인다.

⑦ 콤플렉스와 연결된 에너지 재분배

여기에 소개한 사례만 보더라도 내담자가 한 장의 종이를 덧댐으로써 이미 그림의 '콤플렉스' 영역에 과도하게 쏟은 심리적 에너지가 사라지고, 대신 그녀는 해결책, 해결에 대한 비전을 그리는 데 몰두하게 된다.

⑧ 자 원

이 그림의 자원으로는 세 남매가 자신들의 집 방향인 오른쪽 미래의 길을 걷고 있는 것, 이제 완전히 한 그루로 보이는 풍성한 나무(원형적 어머니)가 서 있는 것, 그 위로 태양(원형적 아버지)이 '비치고' 있는 것이다.

육신의 부모가 제시할 수 없었던 것을 때로는 정신의 심연에서 나온 그림이 대안책이 되어 상징적으로 표현된다.

심리적 에너지 집중

프로이트[7]가 자주 적용한 심리적 에너지 집중에 대한 현상과 개념을 다루지 않고서는 그림에 대한 미술치료 접근을 생각할 수 없다. 프로이트의 초기 연구는 신경성 에너지 보존 원리에서 출발했는데, 그곳의 에너지 변화는 뉴런 체계 안에서만 발생한다.

그 후 프로이트는 이러한 신경학 도식에서 벗어나, 심리적 에너지가 집중되는 개념을 '심리적 장치'의 차원으로 옮겨 놓았다. 다시 말해, 그는 심리적 과정을 예증하기 위하여 에너지 집중의 신경학적 도식과 신경성 에너지 이동 현상의 생리적-물리적 유사관계를 이용했다. 그는 모든 정동적 에너지 집중은 본능에 근거한다는 것을 강조했다.

프로이트는 심리적 에너지 집중을 '합리적'으로 개념화하기 위하여 심리적 에너지들이 상상이나 상상세계, 신체의 일부분 혹은 사물이나 사람과 연관된다는 것을 그의 사례에 제시한다.

🐦 심리적 에너지의 과잉 집중

'나는 감시받고 있다.'와 같은 상상에는 에너지가 그 상상에 과도하게 집중될 수 있으며, 이러한 상상은 그 사람의 전 생애를 황폐하게 만든다. 어떤 사물, 예를 들어 칼, 가위와 같은 것으로 자신이나 다른 사람을 공격하려는 강박적 충동이 그의 정신을 점령할 수 있다. 어떤 사람은 구체적 공포나 이상화에 심리적 에너지를 집중할 수 있는데, 이 사람은 이러한 고착된 편견으로 모든 것을 대한다.

어떤 사람은 감각기관이나 신체 부분에 대한 불안이나 특별한 관심, 예를 들어 암 불안에 에너지를 집중할 수 있다. 어떤 사람들은 높은 곳에 있으면 그러한 상황을 피하고자 하는 불안에 사로잡힐 수 있다.

집단치료과정에서 선택한 다음 두 장의 그림은 이러한 심리적 에너지가 과도하게 집중된 사례를 잘 보여 준다.

🐦 자궁에 대한 온갖 생각들과 두려움

36세 여성은 근종으로 자궁을 들어내야 한다는 산부인과 의사의 말을 듣고 어떤 결정을 내려야 할지 모르는 힘든 시기에 다음의 그림을 그렸다. 이 여성은 자신의 여성성인 자궁이 쓰레기통에 버려지는 것을 거부하고 있다.

🐦 에너지 과잉 집중의 단서가 되는 분리된 신체기관

그림에 신체가 분리되어 나타나면 미술치료사는 이 신체기관에 콤플렉스가 되는 과도한 심리적 에너지 집중, 즉 내담자가 이 신체기관을 상징하는 표상에 과도하게 사로잡혀 있는 것으로 판단하고 여기서부터 치료를 시작할 수 있다.

🐦 아기를 원하는 소망에 '사로잡힌'

성취할 수 없는 극단적 소망이나 상상을 너무 높게 평가하거나 그러한 에너지에 과도하게 사로잡히게 되면 그 사람의 나머지 삶 전체가 망가질 수 있다. 다음 그림 사례에서 27세 여성은 이미 모두 이름을 가지고 있는, 잠재적 자녀들인 수많은 태아 형태를 그렸는데, 이는 아기를 원하는 지나친 소망이나 그에 대해 과도한 의미를 부여하는 상황으로 해석할 수 있다.

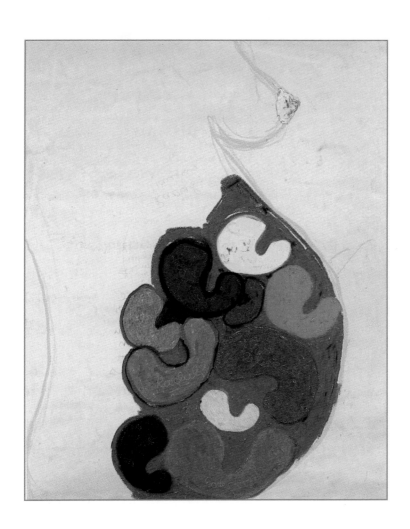

🐦 치환: 다른 곳에 있는 본질적 문제

그림을 그린 여성과 어릴 때부터 경쟁관계에 있는 언니에게 일곱 명의 자식이 있다는 사실을 알 때만 이 그림의 내용을 이해할 수 있다. 이 여성은 다시 한 번 '따라할 수' 있는 경쟁 가능성을 모성 영역, 자기 자식들 영역으로 옮겨 놓고 이러한 상상에 완전히 몰두했다. 언니 아이들보다 한 명이 더 많은 여덟 명의 태아도 이러한 맥락으로 이해할 수 있다.

2. 미술치료의 체계적 관점

필자는 다른 미술치료 저서인 『그림 속의 나』에서 미술치료의 개입방법을 많이 제시했다. 구체적으로 그림의 대화, 새로운 맥락에서 그림 감상과 해석(재구성), 가장자리에 잘린 그림요소 완성하기, 통합적 제안, 평면에서 입체와 신체 치료적 개입으로 도약, 그림 접기 등이 있다. 이런 개입방법들은 다른 모든 심리치료처럼 차단된 에너지를 다시 흐르게 하는 역할을 한다.

🐦 그림요소들의 대화

이 책에서는 콤플렉스와 관련된 에너지들을 '움직이고 흐르게' 하는 데 더 적절한 개입방법을 다루고자 한다. 그 방법이란 바로 그림요소들 간의 대화다. 이러한 특별한 방법은 필자가 이미 수년 전부터 선호해 오던 치료방법으로, '그림에 대해서' 말하는 것이 아니라 그림요소들끼리 서로 자기 말을 하게 하는 것이다.

🐦 치료적 그림이야기 대화

그림요소들 간의 대화는 이야기로 연결될 수 있다. 이야기는 동화와 비슷하게 과거에 뿌리를 둔다. 그렇게 함으로써 그림의 드라마틱한 요소는 어느 정도 옛날 일이 되고, 내담자와 치료사는 외견상으로 '오래전' 그리고 '멀리 떨어져 있는' 운명의 역동을 탐색하며, 그림 속의 곤궁에 처한 상황을 도울 수 있는 묘안들을 함께 생각해 낼 수 있다. 치료적 그림이야기 대화가 그림 속의 자원들을 연결하여 상징적 표현의 핵심 혹은(그리고) 기대하지 않았던 새로운 삶의 국면에 다다르게 되면 이야기는 끝나게 된다. 놀라워하며 환하게 빛나는 혹은 완전히 달라진 내담자의 얼굴표정에서 볼 수 있는 이러한 강렬한 순간을 정지시키기 위하여 필자는 악기와 같은 싱잉볼을 사용한다. 음향접시를 칠 때 들리는 소리는 지금 이 순간이 이야기의 결정적 단계라는 신호다. 다시 말해, 이 신호로 이야기에 인식과 행동의 변화가 오며, 어떤 새로운 것이 일어나는 결정적 단계에 이르게 된다. 그렇게 되면 이야기는 끝나게 된다. 더 이상 설명이 필요 없다. 깊은 정신적 심상 영역인 무의식이 건드려졌으며, 이 무의식에서 새로운 역동과 적응이 일어난다. 이에 대한 도식적 개요는 다음과 같다.

🐦 치료적 그림이야기의 대화 전개

치료사가 먼저 "옛날에……" 하면서 이야기를 시작한다.

치료사는 그림에 있는 중립적이며, '아무것도 말하지 않는' '단순하게' 보이는 한 개의 그림요소를 선택하여 이야기를 시작한다. (이렇게 함으로써 지각하는 (보조) 자아가 확고한 자리를 잡게 된다.) 예를 들어, "옛날에 잔디가 있었다……."

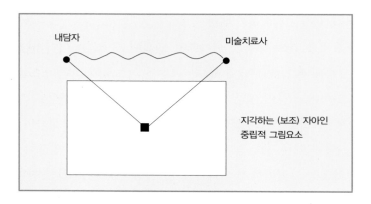

그림이 아주 위협적일 때, 지각하는 보조 자아는 체스의 말 형태로 대치되어 그림 밖에 자리를 잡을 수 있다(중간 주체). 예를 들어, "옛날에 어떤 사람이 있었다……."

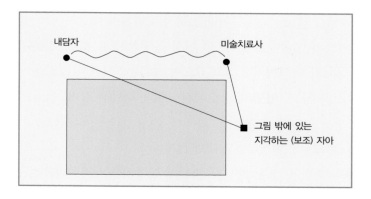

지각하는 (보조) 자아는 수수께끼 같은, 상징적 암호로 보이는 그림
요소들에게 조심스럽게 '단순한' 질문을 하기 시작한다. "너는 누구
니?" "너는 여기서 뭘 하고 있니?" "너는 언제부터 여기에 있었니?"
"너는 무엇을 하려고 하는데?" 이러한 보조 자아는 질문하고 암호를
풀어 주는 자아다.

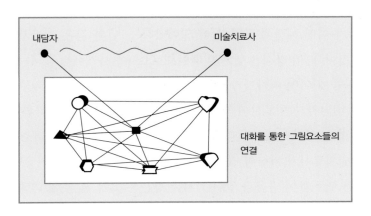

그림요소들의 대변자인 내담자는 이제 많든 적든, 그가 원하는 만
큼 또 그가 할 수 있는 만큼 중요한(!) 감정들, 즉 불안, 분노, 부끄러
움, 고통, 사랑 등이 내포된 그림요소들에게 자연스럽게 다가갈 수 있
다. 또한 내담자는 질문하는 치료사와 대화를 함으로써 그러한 감정
들을 이야기 흐름으로 받아들여 치료사와 함께 이야기를 다룰 수 있
는 역동을 얻게 된다. 이러한 방식은 통합하는 자아, 행동화하는 자아
다. 치료사는 자신의 입장을 '초보자 정신'(Suzuki)에 둔다. 다시 말해,
치료사는 특별한 기대 없이 또한 성공하려는 의도 없이, 압박을 받지
않고 이야기에 다가가도록 주의를 기울인다. 또한 그는 항상 주변 인

물의 입장에서 내담자가 설명할 수 있도록 '단순한' 질문을 유도하며, 치료적으로 유용한 내담자 발언들을 반복하거나 비언어적으로 공감하여 반영해 주도록 유념한다.

그림이야기가 정체되면, 다시 말해 내담자의 이야기가 피상적인 대본에 머물러 있으면 치료사는 '뜻밖의 놀라운 일'을 등장시킴으로써 내담자의 진부하고 상투적인 생각과 마주치게 할 수 있다. 예를 들어, "갑자기 어떤 예상치 못한 일이 일어났다……."와 같은 이야기를 꺼내는 것이다. 이 방식은 발전적 제안으로 234쪽 사례에서 볼 수 있다.

그다음에 어떤 이야기가 이어질지는 내담자 판타지에 맡겨 두어야 한다. 내담자가 치료사의 발전적 제안에 저항적으로 반응하면, 그러한 저항은 심리치료에서 다루는 것과 같은 원칙에 따라 다루어진다. 여기에 치료사가 저항의 입장을 맡을 수도 있는데, 예를 들면 236쪽의 그림과 관련하여 다음과 같다. "지금 창문은 그가 본 것에 대해 말할 수 없으며 말하려고도 하지 않았다……."

치료적 그림이야기는 상징 차원으로만 전개되거나 혹은 상징 차원과 현실 차원을 바꿔 가며 전개될 수도 있다. 또한 실험적 시도로 현실 차원에서만 다루어질 수도 있다.

🕊 에너지 이동의 치료 원리

지각하는 자아 및 조정자 역할을 하는 미술치료사는 내담자가 그의 콤플렉스 때문에 이제까지 관심을 적게 두었던, 자원이 되는 그림요소들에 관심을 끌도록 유도한다. 다시 말해, 미술치료사는 신중하고도 정교하게 강조점들을 정하고 그 위치를 옮겨 놓음으로써 관계영역과 상호작용들을 변하게 할 수 있다.

다음의 도식들은 이러한 에너지 재분배 과정의 세 단계를 명료화
한다.

① 내담자, 미술치료사 그리고 상징적으로 암호화된 '약점'(콤플렉
　스)과 경우에 따라 보호구조와 방어구조가 되는 형상을 볼 수 있
　는 그림 □.

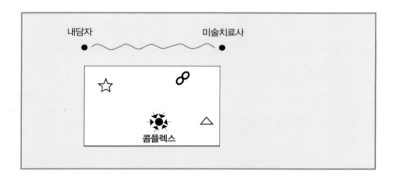

② 약점(콤플렉스)을 먼저 직접적으로 언급하지 않는다. 미술치료사
　는 다른 그림요소들, 특히 자원에 해당하는 것들을 내담자와 함
　께 상의하면서 '상처'도 말하게 한다. 내담자는 그림요소들에 대
　해 말하면서 자기 스스로 (부분적으로는 의식하지 않고!) 그림의 대
　변자가 된다. 그때까지 불분명하던 그림요소들은 단번에 흥미를
　끌며, 의식으로 환하게 드러나 색을 얻게 되고, 다른 감촉을 가지
　고 에너지를 얻게 된다. 정신역동이 상징적, 비유적 차원에서 점
　점 더 주목받게 되고 그림은 뒤로 밀리게 된다.

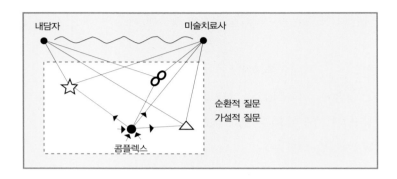

③ 그림에 나타나는 점거된 심리적 에너지가 이동한다. 에너지가
약점의 토대를 잃게 했다. 약점은 점차 그림에 있는 힘의 유희에
자발적으로 가담하며, 새로운 빛으로 움직이면서 희미해진다.
중재자 역할을 하였던 그림은 자유로워질 수 있다.

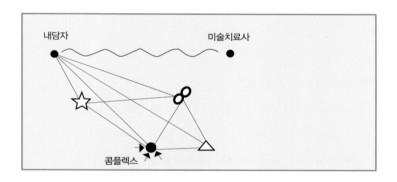

🐦 '역동적 그물'

그림요소에 대한 대화를 주고받게 되면 일종의 역동적 그물이 생성
된다. 여기에서 고통 상징이나 갈등 상징이 수용되고 통합되는데, 이

를 통해 고통이나 갈등은 힘을 잃는다.

신화적, 마술적 본보기

심리치료에서 꿈을 다루는 것처럼, 치료적 그림이야기 전개는 합리성과 논리 이전의 정신인 그림언어에 일시적으로 의지하게 된다. 이러한 상징적 언어는 수천 년 전 인간들이 표현하고 이해하였던 그림언어에 해당된다. 그림언어의 대표적 예로 고대 이집트 문화를 들 수 있다. 고대 이집트 사원과 무덤의 기둥과 벽에 그려진 그림 장면의 순서는 오늘날에도 감상자들에게 심오한 의미를 전달한다.

🐦 상 징

미술치료에서 치료적 그림이야기와 연결된 상징들은 심오하고도 다양한 의미를 지닌다. 그림에 있는 태양은 실제처럼 빛, 온기, 더위, 연소나 빛의 부족함 등을 연상하게 한다. 더 심오한 상징 의미로 보면 태양은 정신의 심연에 있는 원형이며 근원적 경험이다. 원형들은 태고적 요소들이며, 그러한 내용들은 의식화의 발전을 제시하는 촉매제 역할을 한다. 이러한 면에서 이집트인이 태양에게 태양신, 라(Ra)의 의미를 부여했다는 것은 그리 놀랄 일이 아니다.

그림요소를 분석적, 체계적으로 다루는 것은 그려진 상징의 모든 차원을 고려하는 것과 같다. 결정적 메시지는 자주 원형(340쪽 그림)의 '입에서' 나온다. 그러한 메시지에 대해 내담자가 충격 혹은 감동을 받음으로써 효과가 나타나는데, 이는 내담자가 새로운 차원의 자신을 발견했기 때문이다.

태양을 봉헌하는 파라오　　　　　딱정벌레(왕쇠똥구리)

🐦 대리 상징

왕쇠똥구리는 딱정벌레다. 이 벌레는 낮에 둥근 똥을 굴리고 다음 날 아침에 다시 파내기 위해 저녁에 그것을 땅에 묻는다. 고대 이집트인은 딱정벌레가 행운을 가져다준다고 믿었다. 왕쇠똥구리, 갑충 모양으로 조각된 인장 또는 부적에 해당하는 풍뎅이는 신성한 태양의 원리에 따라 만들어졌다. 태양은 낮을 완벽하게 실현하고 밤에는 딱정벌레 공처럼 '삼켜진다.'

그림이야기에서도 그림이 '어두운' 에너지인 불안, 섬뜩함, 공포에 너무 강하게 사로잡혀 있으면 대리 상징을 이용하여 그것을 다룬다.

🐦 상징들을 말살시킬 수 있는가

이집트 에크나톤(Echnaton) 왕조에 그동안 믿었던 일신교 태양신이

폐위되고 고대 신들이 다시 등극하게 되었을 때, 이집트인은 사원 벽에 칠해졌거나 사원 깊숙이 감추어져 매장된 태양 상징들을 끌로 파헤쳐 '없애 버렸다.' 그로 인해 돌에는 알아보기 힘들 정도로 파괴된 형태만 남아 있게 되었다. 수백 년 후에 그리스인, 로마인, 기독교인이 이집트 사원을 점령했을 때도 이와 비슷한 행위로 하여 또다시 상징들을 망쳐 놓았다. 그들은 낯선 신들을 파헤쳐 망가뜨렸는데, 그들이 낯선 신 앞에서 기도하면 자신들이 믿는 신이 그들을 나쁘게 받아들일 것이라고 생각했기 때문이다.

🐦 통합적 처치

때로는 모든 신이 다 말살되지 않은 경우도 있는데, 정복자들은 자신들이 믿는 신과 비슷한 신은 그대로 두었다. 예를 들면, 초기 기독교인은 이집트 사원에 자신들의 수도원을 지었는데, 이는 여신 이시스와 아들 호루스가 성모 마리아와 아들 예수와 비슷하다고 여겼기 때문이다. 유사한 것은 존속되어 통합될 수 있었다.

상당수의 초기 기독교인은 자신들이 사용한 이집트 사원에 그들의 고유한 상징인 십자가를 새겨 넣음으로써 사원을 '정화했다.'

덴데라 사원의 콥트식 십자가

많은 정복자는 그들이 믿는 신과 정복한 곳의 낯선 신들의 요소들을 합치거나 반대 상징을 만들어, 그것들을 통해 자신들의 권력 기반을 세워 나갔다.

치료 상황에서도 자발적으로 그려진 그림에 달갑지 않거나 '부정적' 상징들, 즉 그림을 그린 내담자가 보기에 자기 그림 전체를 '망친' 낯선 존재가 나타난다. 악마, 드라큘라, 파괴적인 검은 태양, 찢어진 심장 등이 그러한 존재다. 이러한 상징들은 '파헤쳐 없애 버릴' 수 없으며 또 그렇게 해서도 안 되고, 그림이야기 과정에 통합될 수 있어야 한다. 미술치료사는 앞에 열거한 모든 통합적 가능성을 다룰 수 있어야 한다. 그림에서 '검은 홈'의 부정적 영향은 그 가치나 맥락이 새롭게 해석됨으로써 변화될 수 있다. 경우에 따라서는 한 개의 그림요소를 잘라 내어 새로운 위치에 놓을 수 있는데, 그것은 삶의 흐름을 막는 것이 아니라, 새로운 맥락에서 삶을 지원한다(279쪽과 다음 이하 그림).

🐦 상징 다루기 - 상징적 행위
더 없이 신성한 고대 이집트 사원에 사원을 축성한 신의 조각상이 있었다. 고대 이집트인들은 이 조각상을 마치 신이나 여신처럼 숭배했다. 성직자들은 이 조각상을 씻겨 향유를 바르고 햇빛에 드러내어 아름다운 피부색이 보존되도록 했다. 이 조각상은 나일 강에 있는 신성한 작은 배로 사랑하는 여신이나 신에게 가는데, 그곳에서 신 또는 여신과 15일 동안 결합할 수 있었다. 이러한 행위들은 성직자들의 수행에 긍정적 영향을 미쳤다. 즉, 신들은 성직자들을 잘 돌보아 주고 그들에게 자비를 베풀어 주었다.

고대 이집트인들은 악어에 대한 불안으로 악어신인 세베크를 창조했다. 그들은 악어신에게 제사를 지내고 사원에서 악어들을 길렀으며, 악어가 죽으면 시체를 씻겨 향유를 바르고 미라로 만들었다. 악어신은 이집트인들의 불안을 거두어 가는 전능한 존재였다.

악어신 하렙 숭배

🐦 상징 형상

그림과 그림요소 그리고 그림이야기를 분석적, 체계적으로 다루면서 상징적 치료과정 및 상징을 다루게 된다. 필자는 내담자들에게 점토로 사람 형상을 만들도록 제안하는데, 그 형상들은 다음과 같이 단순화되었다.

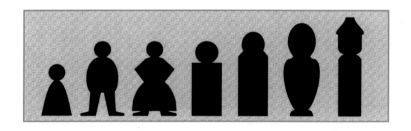

내담자가 종이에 그린 고정된 형상들을 움직이게 하고 그것들을 치료과정으로 연결하기 위하여, 필자는 점토나 나무를 사용하여 서 있고 움직일 수 있는 사람 형상을 만들도록 제안한다. 내담자는 그림 형상이

있던 자리에 입체 형상을 놓고 움직이게 하는데, 이러한 것은 무엇을 다룬다는 의미와 관련된다. 움직이게 하는 이런 상징적 작업은 중심 형상이 되는 자아 형상 주위에서 자주 이루어진다. 이러한 상황에서 중심 형상은 마치 내담자와 동일한 존재 같은 효과를 가진다. 내담자는 사람 형상들을 옮겨 놓음으로써 마치 자신이 변화된 것처럼 느낀다.

🐦 그림 순서/의례 순서

고대 이집트인은 3,000~5,000년의 세월을 지닌 고대 사원에 그들의 일과나 의례에 대한 순서를 부조 형태와 그림으로 묘사했다. 예를 들어, 신에게 빵 봉헌, 빵 만드는 방법, 씨 뿌리기부터 추수, 타작, 반죽, 굽기 등을 순서대로 그려 놓았다. 이러한 장면은 '매끄러운 연결'로 한 장면에서 다음 장면으로 이어지며, 어느 것도 이 순서를 뛰어넘는 것이 없다. 고대 사람들은 이런 그림 시리즈를 통하여 일의 순서를

이집트식 '그림이야기': 테베(Theben)에서의 수확

보고 따라할 수 있었다. 미술치료사는 이와 비슷한 방식으로 치료적 그림이야기 순서에도 아무것도(불편한 것!) '생략하지' 않도록 주의를 기울여야 한다. 상징적 의미든 실험적 의미든 필요한 중간 단계가 모두 있어야 한다. 이를 위한 전제조건으로 미술치료사는 확실하고도 '단순한' 직감력을 지녀 실제적으로 생각할 수 있어야 한다.

🐦 '움직이는' 추상적 개념화

고대 이집트 초기 왕조의 이집트인들은 온몸을 바쳐 파라오를 모셨기에, 왕이 죽고 무덤에 묻히면 자신들도 함께 묻힌다.

그러나 시대가 바뀌면서 이집트인들은 파라오가 죽으면 하인을 상징하는 조각 입상이나 작은 입상을 무덤에 함께 넣어 두었다. 입상은 죽은 자나 그의 '계승자'를 위하여 하인이 했던 일의 방식을 제시한다.

더 후기에 이집트인들은 하인들이 죽은 왕과 대를 이을 '계승자'를 위하여 특별한 제물을 드리거나 무덤을 정돈하는 방법을 그림으로만 묘사했다. 마지막으로 그들은 이러한 활동들을 그림 형상에서 상형문자로 다시 기록했다. 그 이후 하인들의 활동을 무덤 안에 표현하기 위한 상형문자가 많아지게 되었다.

미술치료사도 수천 년 전부터 수백 년 전까지 고대 이집트인들에게 일어났던 것과 비슷한 추상적 개념화 과정을 따라하고 다시 포기해야한다. 그림이야기가 다른 장면으로 이어질 동안 상징과 다른 그림요소들과 관련된 모든 영역은 항상 동시에 '영향을 미친다.' 다시 말해, 실제적 차원, '구체적' 차원, 상징적 차원, 유사 차원, 잠재적 의미 차원과 추상적 차원(마지막 것은 언급되지 않음!)들이 상호 영향을 끼친다. 이렇게 함으로써 그림에 대해 언어적으로 다루기 쉽고 구체적이며 가까이 다가갈 수 있다.

문학적 본보기

🐦 시칠리아에서의 대화

다음에 소개하는 책은 전문 심리서적이 아니라 대중문학 작품으로, 필자는 이 책에서 처음으로 일종의 대화 분위기, 즉 '대화에 사로잡히는' 분위기와 만나게 되었다. 엘리오 비토리니(Elio Vittorini)의 소설 『시칠리아에서의 대화』[8]에서 주인공은 기차 객실에서 그 지방의 평범한 사람들을 만날 수 있었다. 그들은 별로 많은 말을 나누지 않았다. 짧은 말들이 오고 갔다. 이렇게 몇 마디 되지 않는 대화에서 듣는 사람은 상대방이 했던 말들을 자주 반복하여 질문 형식으로 되물음으로써 신기할 정도로 서로를 잘 이해하게 되고, 상대방의 운명에 인간적으로 깊이 공감하게 되었다. 심리학에서는 이것을 '반영'이라고 한다.

🐦 어린 왕자

세미나 참여자들은 대화적 그림이야기에 몰두하는 분위기가 생텍쥐페리의 『어린 왕자』[9] 이야기 분위기와 거의 같다고 자주 말했다. 필자는 어린 왕자를 다시 읽고 그 안에서 실제 많은 요인이 그림요소의 대화를 위해 중요하고도 치료적이라는 것을 발견했다.

① 어린 왕자가 던지는 질문은 의도 없는, 저의 없는, 초보자 정신의 입장에서 나온 것이며, 그에게 중요한 것은 아는 것이다. 어린 왕자는 무엇보다 어른이 추상적 개념을 적용할 때 그것에 대

해 질문한다. "경탄이 무엇인가요?" "지시는 무엇인가요?" 하고 어린 왕자는 묻는다. 자신의 내담자와 그림요소에 대해 이야기를 나누는 미술치료사는 어린 왕자와 아주 비슷한 대화방식과 단순한 말로 다시 질문하여, 내담자가 자기 말을 다시 파악하고 자신의 언어로 자기 견해를 다시 한 번 표현하도록 한다. 단순하고 구체적 언어 사용 때문에 비유적인 말이나 아무런 생각 없이 한 말 모두가 사라져 버린다. 이러한 대화를 통하여 둘의 관계와 분위기의 밀도가 높아지고 그들은 점차 본질적인 것에 다가간다.

② 어린 왕자는 그가 한 질문을 절대로 포기하지 않는다. 미술치료사도 그렇다. 말하자면 미술치료사도 중요한 핵심, 본질적 문제 혹은 그림을 그린 사람과 그림의 핵심으로 이끄는 '문제'에 머무른다. 질문을 던진 치료사의 통찰력은 권력의식이나 호기심에서 나온 것이 아니라 본질적인 것에 몰두하여 방향을 바꾸지 않는 자유로운 자아의 태도에서 나온 것이다.

③ 어린 왕자 이야기에 있는 그림들, 즉 생텍쥐페리가 그린 상자, 양, 재갈, 유리 등은 베껴 그리거나 '그냥 그렇게 그려진 것'이 아니라 살아서 영향을 미치기 시작한다. 치료적 대화에서도 그림요소들은 생명을 얻어 숨쉬며 '효과를 나타내기' 시작한다. 그림요소들은 신기하게도 역동, 기분, 감정, 접촉에 영향을 준다. 그려진 것들은 틀이나 종이에서 벗어나 상징으로, 사물로 혹은 생명체로서 영향을 미친다.

④ 생텍쥐페리는 자신의 책이 쉽게 읽혀지는 것을 바라지 않는다고 했다. 어린 왕자의 가장 중요한 관심사는 장미의 표현이나 가시

의 의미에 대한 질문이다. 그림요소에 대한 대화과정에서 나타나는 모든 변화와 암시가 치료사에게는 그 순간 세상에서 가장 중요한 관심사가 되며 내담자에게도 그렇다.

⑤ 어린 왕자는 고집스럽게 단도직입적으로 묻는다. 저자이기도 한 비행기 조종사는 어린 왕자를 점차 이해한다. 어린 왕자에게 삶의 비밀을 드러내 주는 존재는 '영리한 어른'이 아니라, 양이다. 이와 비슷하게, 그림에 대한 질문을 하며 내담자의 비밀들을 조심스럽게 밝혀내어 인식하도록 돕는 존재는 치료사의 명석한 두뇌가 아니라 치료사 내면에 있는 직관적이고 상상력이 풍부한 어린이다. 그림요소들에 대해 질문을 주고받는 소박하고 단순하며 편견 없는 대화, 누구나 이해하고 바로 '가슴에 와 닿는' '적절하고' 구체적이며 명확한 말, 즉 동화처럼 의미를 숨기는 듯하나 곧 정체를 드러내게 되는 대화는 진실, 어두운 트라우마, 조력자의 힘과 문제의 해결을 찾게 한다.

심리적 본보기/과정/방법

🕊 게슈탈트 대화(Perls[10])와 심리극(Moreno[11])

정신분석에서 출발한 게슈탈트 치료와 심리극에는 장면이 있는 기본작업과 창의적 실험이 중심을 이룬다. 이 방법을 통하여 장면이 있는 병인성 체험단위들이 다시 상황극으로 재현되며, 여기와 지금의 경험이 이루어진다. 그러한 행위를 함으로써 해방감이 따른다. 심리극은 처음부터 집단작업으로 이루어지는 반면, 게슈탈트 치료는 심리 내적 심리극을 발전시켰는데, 여기에서 각 내담자는 자기 문제의 모든 부분들과 다루어야 할 주 과제를 표현하고 연기하며 말할 수(역할

융통성!) 있게 되면서 자기만의 '시나리오'나 연기규칙을 발견한다.

　게슈탈트 치료에서 즉각적 해석은 존재하지 않는다. 치료사는 내담자에게 유도적으로 수용하는 과정을 통한 도움만 주는데, 예를 들어 반복되는 질문과 특정한 말과 행동에서 실마리를 이어 감으로써 의도하였던 내담자 통찰을 내담자 스스로가 찾도록 한다.

　정신분석 미술치료는 그림요소에 대한 대화를 위하여 게슈탈트 치료의 이러한 모든 것을 적용할 수 있다.

🐣 생물에너지학(Lowen[12], Kelemann[13])

　로웬(A. Lowen)의 생물에너지 분석은 라이히(W. Reich)[14]를 거쳐 프로이트의 초기 분석을 논리정연하게 발전시킨 것이다. 이 분석은 작업의 중심을 내용분석에서 저항분석으로 옮겨 간다. 내담자는 저항에 해당하는 신체갑옷을 생물에너지 연습을 통해 경험할 수 있고 자기 삶의 흐름을 알 수 있다.

　그림요소에 대한 대화에서도 방어와 억압으로 연결된 에너지를 일상의 흐름으로 다시 되돌려 주어야 한다(35~36쪽 그림).

🐣 세노이-꿈 해석[15]

　말레이시아 세노이(Senoi) 족의 꿈 해석은 '정신위생 의례'로서 전체 가족이 공동 연대하여 규칙적으로 행해진다.

　꿈 해석의 '단서'가 되는 것은 가족 중 한 명이 기억한 꿈의 일부분이다. 그는 그림요소들이 정신이미지의 우주에 문을 여는 것처럼, 자신의 꿈 우주에 문을 연다. 세노이 족의 모든 가족구성원은 실제로 꿈에 머물러 있다. '육체이탈'의 느낌을 갖지는 않는데, 그 이유는 항상

"너는 무엇을 보느냐?" "너는 무엇을 듣느냐?" "무슨 냄새를 맡느냐?" "촉감이 어떠냐?"와 같은 질문을 받기 때문이다. 가족들이 꿈을 해석하는 것이 아니라, 꿈을 꾼 사람이 자신만의 상징세계에 들어가서 상징들이 말을 하게 둠으로써 그것들을 해독한다.

🐦 백일몽치료(Epstein[16])

백일몽은 깨어 있는 상태에서 계속적으로 꿈을 꾸는 것이다. 백일몽치료에서는 백일몽이 진지하게 받아들여지며, 내담자를 자신의 상상적 삶, 새로운 상상이미지와 판타지로 접근하게 해 준다. 이때 우뇌가 활성화된다. 바로 치료적 그림이야기처럼 백일몽의 상상은 (판타지) 여행, 방랑과 변신의 특성이 있다.

🐦 어린이의 혼잣말

어린이는 마음속 대화를 소리 내어 말한다. 어린이의 '자신과 대화하는 혼잣말'은 놀이와 연결되어 '정화' 효과를 내는데, 그러한 혼잣말은 비밀스러운 감정과 금지된 말을 자연스럽게 폭로하기 때문이다. 이렇게 혼자서 주고받는 마음속 대화의 내용들과 유사한 현상이 상징과 그림요소들의 대화에서도 나타난다.

🐦 체계적 치료

순환적, 가설적 질문

그림요소 대화의 특수한 질문기법은 체계적 치료를 모델로 했다. 순환적이며 가설적인 질문기술은 그림의 '상처 지점'에 직접적으로 말을 걸지 않고, 우선 역동과 전체 맥락을 이야기하게 한다. 예를 들어, 다른 그림요소들이 '약점'에 대해 자신들의 견해를 표현한다 (70~73, 98, 109쪽 참조).

이와 비슷한 상황은 가족치료에서도 경험할 수 있다. 예를 들어, 가족구성원들은 가족 중에 병든 사람(주 치료대상)에 대해 서로 의견을 교환하는데, 여기에서는 가족 체계 위상을 분명하게 드러나게 하는 영향력 있는 말은 절대 하지 않는다(Weiss[17]).

네트워킹/조직의 유기적 원리

'대화 네트워크'는 현대의 신경심리면역학(NPI)에서 기술한 것과 동일한 체계적 원리로 '작용한다'.[18] 예를 들어, 면역체계에서 심리적 기분, 호르몬, 고도의 복잡한 과정들이 서로 조화를 이룸으로써 '병리적 요소'가 완화되거나 부작용이 사라진다.

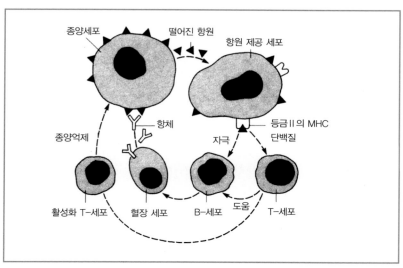

종양세포 퇴치과정에 대한 신경심리면역학적 네트워크

🕊️ 유기체의 치유방식 의존

그림요소들의 대화는 유기체에 근거한 치유 원리를 따른다. 이러한 방식은 아주 직접적으로 와 닿으며, 치유적 영향을 확실하게 체험할 수 있게 한다.

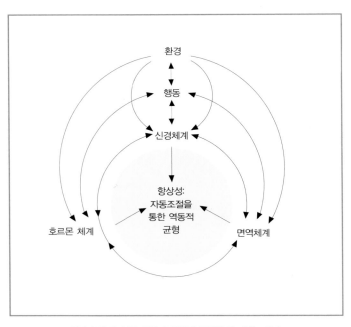

인간과 환경: 상호 영향과 역동적 균형을 유지하는 체계

🕊️ 심리적 소화

미술치료에서 가끔씩 나타나는 '심리적 소화'[19] 개념은 창의적 과정 자체에 나타나는 조절 효과뿐 아니라, 이 책의 다양한 사례를 통하여 언급되는 미술치료 실제에도 적용된다. 심리적 소화 개념, 즉 난해

한 심리내적 조절과정을 감각적으로 볼 수 있는, '기발한 착상'인 이 개념은 위의 소화과정과 전적으로 같은 원리다. 이처럼 그림도 상징 차원에서 '소화되는데', 여기에서 미술치료사의 질문방식 태도는 유기체 네트워크의 효소, 촉매와 전달의 기능에 해당된다.

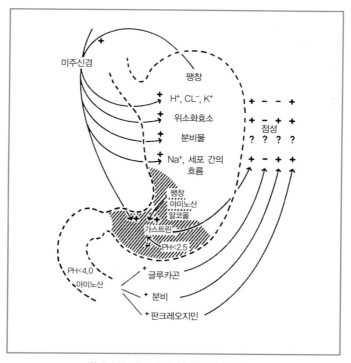

미주신경

팽창

H^+, CL^-, K^+

위소화효소

분비물

Na^+, 세포 간의 흐름

점성

? ? ? ?

팽창
아미노산
알코올

가스트린

PH<2.5

PH<4.0
아미노산

글루카곤

분비

판크레오지민

위의 소화: 신경, 심리, 분비활동의 상호작용

🐦 전체 실존의 상호관련

미술치료 개입과 관련하여 생명에너지가 움직이고 '이동하게' 되는 과정에서 내담자의 전체적 실존이 상호관계를 맺는다. 무의식, 전

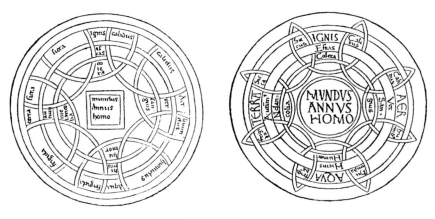

세계 안의 인간

의식, 의식, 신체적 차원, 영적 차원 그리고 정신적 차원 모두가 서로 맞물려 상호작용하며, 이렇게 상호작용하는 조직들은 서로를 밀쳐서 깨어나고, 이를 통하여 새로운 균형을 이루게 된다.

3. 이 책의 구성

다음의 장들에서 만나게 될 신체그림에 표현된 차단, 위기와 이야기 대본, 정신적 차단은 차단 상징의 다양한 차원을 진단하는 데 예리한 통찰력을 제공한다. 각 장마다 그림들을 해석하여 실제 치료에 도움을 주고자 한다. 그러나 서문에 강조했듯이 모든 그림, 즉 대부분 무의식적으로 그려진 그림에 나타나는 장애물들은 항상 유기체 전체, 즉 내담자의 심리, 신체, 정신 그리고 사회적 실존 전체와 관련된다는 것을 잊어서는 안 된다.

신체그림에 표현된 차단

1장에서 다루는 기본원리는 인생행로의 가장 심오한 차원에 해당하는 삶의 보편적 원리다. 내담자가 그린 신체그림을 통해 건강을 상징하는 에너지 흐름과 고통을 상징하는 에너지 차단을 어떻게 인식하여 미술치료에서 다룰 수 있는지 제시하고자 한다.

🐦 목의 차단

다음 그림(54쪽 그림)은 42세 여성이 그린 것으로, 이 여성은 교통사고 당시 심하게 다쳤던 목뼈에 대한 신체지각을 이완연습 중에 다시 경험한다. 그녀는 검은 화살로 장애 부분인 목 부분의 에너지 차단을 상징적으로 그렸다. 목이 더 이상 머리 무게를 견뎌 낼 수 없기 때문에 두 팔로 머리를 지탱한다. 목의 에너지 차단으로 인해 주황색 '생명의 색'이 더 이상 흐를 수 없다. 두상은 흰색으로 몸의 나머지 부분과 다른 색이다.

🐦 각인된 트라우마

이 여성은 자기 그림에 대해 이야기를 하면서 20년이 지난 교통사고가 의사 직업을 선택하는 데 영향을 주었다는 것을 깨닫게 된다.

이러한 사소한 사례에서도 트라우마, 체험과 경험들이 신체 혹은 정신과 분리될 수 없다는 것을 보여 준다. 이 사례에서 사고 트라우마는 삶의 주제인 직업과 조직적으로 상호영향을 준다.

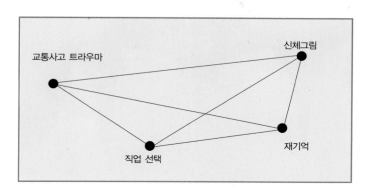

이야기 대본을 통한 차단

유기체의 생명 흐름인 혈맥, 소화기관, 신경관, 요로, 림프관, 신체의 에너지 통로는 심리적 영역과 운명적 영역의 인생행로와 일치한다. 또한 그림을 통하여 유동적 역동과 차단의 역동도 읽을 수 있다. 2장에서 특별히 관심을 기울인 것은 그림에 있는 이야기 대본[20]이다. 그림 대본에는 인생행로를 항상 침체와 위기로 표현하는 일정한 유형이 나타난다.

이에 대한 사례는 32세 알코올중독 여성이 자신의 인생행로인 삶의 파노라마를 그린 것에서 볼 수 있다.

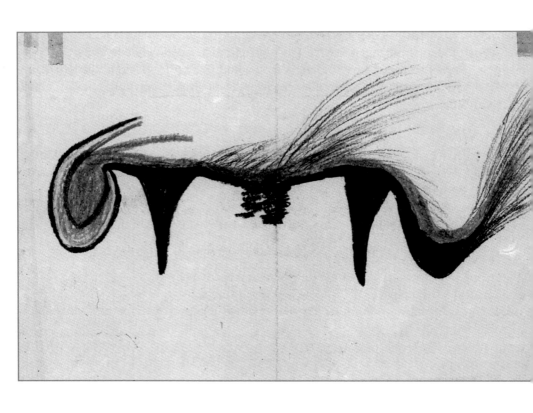

이 그림에서 인생행로가 이미 어릴 적부터 여러 번 허물어지고 검은 '목구멍'에서 주저앉아 버린 것을 알 수 있다. 이 그림과 비슷한 위기 상황에 대한 상징이 그림에 반복되어 나타난다. 검게 쳐 있는 것, 검은 자루가 그것이다.

자 원

이 여성은 상황이 좋았던 시절에도 비슷한 상징을 반복하여 그리는

데, 그것은 다양한 색이 위를 향해 솟아나는 것이다.

🐦 관련성

미술치료 개입 목적은 이 여성을 알코올중독에서 벗어나게 하고, 이러한 '위기' 상황에서 자원들을 이용할 수 있는 '단서가 되는' 상황들을 파악하는 것이다.

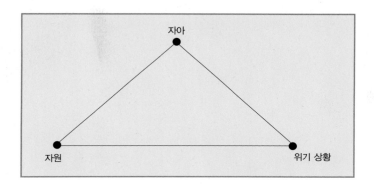

정신적 차단

3장에서는 정신영역의 차단과 타개책을 집중적으로 다룰 것이다. 놀랍게도 자발적으로 그린 그림의 정신적, 종교적, 영적 차원의 문턱에도 한쪽에는 강의 흐름과 열린 문과 같은 비슷한 상징들이 보이고, 다른 한쪽에는 차단의 상징들이 보인다.

🐦 문턱에서

다음 그림을 그린 37세 여성은 사고로 남편을 잃었다. 그녀는 남편

들어가며

상을 당하고 상실을 겪자 모든 것에 정신적 장벽을 쳤으며, 그녀의 삶은 어둠 속으로 빠져들었다.

이 여성의 그림에 대한 첫인상은 그녀가 어둠과 슬픔과 우울에서 밝음, 새로운 삶, 신의 빛으로 나온 것처럼 보인다. 아니면 첫인상이 잘못되었는가?

사실 이 여성은 문턱에 서 있다. 그림에는 그녀가 어느 방향으로 움직이는지 분명하지 않다. 그녀는 빛을 향하여 가는 것인가, 아니면 다시 어둠으로 되돌아가는 것인가?

🐤 치료적 판타지

미술치료사는 무엇이 미결인 채로 남아 있는지에 대해 질문하지 않는다. 미술치료사는 그와는 다른, 직관적 방법들을 선택한다. 그에게 묘안이 떠올랐다. 또한 무엇보다 언어차원에서 정교하게 접근한다. 미술치료사는 그림들에 대해 말하며, 그 안으로 빠져든다. 치료사가 선택하는 말과 그에 적절한 목소리는 상대방의 마음을 열게 한다. 그림들은 항상 새로운 그림들을 다시 만들어 낸다.

🐤 내담자 스스로 그림의 의미 이해

"당신은 문턱에 서 있는 사람이 지금 무엇을 보고 있는지 그려 보시겠어요?" 치료가 아니라 그림을 그린 사람 자신이 어디를 보고 있으며, 무엇을 보는지 혹은 어떻게 문턱을 넘어 나갈 수 있는지, 즉 변화의 제안을 받아들일 것인지 그렇지 않을지를 결정한다.

🕊 미술치료사의 '문'

이와 관련하여 미술치료사 자신이 삶에서 변화한 경험이 있는지, 예를 들면 삶의 위기를 겪은 후에 그러한 것을 경험했는지의 여부가 치료에 중요한 역할을 한다. 치료사는 이미 과거가 되어 버린 자신의 비슷한 경험과정을 통하여 무의식적으로 내담자에게 자기처럼 '통과하여 지나가도록' 격려하는 영향을 미친다.

🕊 정신분석 미술치료의 적용 가능성

이 책에 제시할 내용들은 외래 환자들이 자아경험 및 치료과정에서 그린 그림들이다. 그러나 정신분석 미술치료는 응급 상황과 병의 심각성에 따라 정신신체 클리닉과 정신과 클리닉에도 적용된다.

여기서 소개되는 치료적 혹은 전기적 서술들은 환자 본인의 의사에 따라 다소 변경되었다. 정확성을 위하여 어떤 장면, 예를 들어 그림대화에는 내담자와 치료사의 전통적 관계와 대립을 유지했다.

요 약

- 이 책의 미술치료는 정신분석적, 체계적 이론을 기반으로 한다.
- 미술치료사는 그림을 관계의 네트워크로 본다. 즉, 그림요소들 간의 네트워크를 중요하게 다룬다.
- 미술치료사는 그림에 중립적 입장을 취함으로써 자신이 그림과 내담자의 '한가운데 있는' 경험을 하며, 정신역동적, 가족적, 사회적 체계와 그림의 유사성을 알아낼 수 있다.
- 미술치료사는 새로운 방식으로 보는 것을 연습한다. 먼저 그림

을 개괄적이면서도 다양하게 둘러보며, 전체로서 감상하여 첫인상을 얻게 된다. 그다음 그림을 집중적으로 보고 특별히 세부적인 것을 파악함으로써 그림 감상의 세 번째 방식이 덧붙여진다. 필자는 이것을 '역동적 보기'라고 말하고 싶다. 이렇게 보는 것은 직선적 역동이 아니라 순환적 역동이다. 이러한 순환적 역동에서 우리 존재 자체가 함께 형상화하는 역동적 요소라는 것을 체험한다.

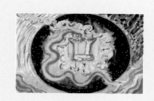

Chapter 1

신체그림에 표현된
삶의 흐름과 장애 및 차단

신체그림에 표현된
삶의 흐름과 장애 및 차단

🐦 신체그림은 어떻게 그려지는가?

내담자에게 자기 신체그림을 그리게 하는 방법은 다양하다.

• 자유롭게 그린 그림을 보면, 의도하지 않았지만 벗은 몸의 형상
  이 자주 보인다. 그림 속 벗은 몸의 체격이나 신체 특성을 보면 그
  림을 그린 내담자와 닮았다는 것을 알 수 있다. 신체 비율, 자세,
  비대칭, 흉터, 통증 부위, 안경 등이 그것이다.

• 춤, 요가, 몸 흔들기, 바이오 에너지 이완연습과 같은 신체연습 전
  후에 그림을 그릴 수 있다. 치료사와 내담자는 그림에서 이러한
  연습을 하기 전과 후의 정신적, 신체적 상태와 느낌의 변화에 대
  한 통찰을 얻을 수 있다.

• 신체 느낌과 신체그림을 그리기에 좋은 접근법으로 일명 '몸을

통한 여행' 방법이 있다. 치료사는 내담자가 바닥에 누워 눈을 감고 이완상태가 되도록 한다. 그리고 최면상태를 유도하거나 명상음악을 들려주면서 신체여행을 위한 안내를 한다. 내담자는 눈을 감은 채 자기 몸의 모든 부위를 둘러보며 그러한 상황을 어떻게 느끼는지 감지한다. 연습이 끝난 후에 내담자는 신체그림을 그린다.[21]

- 모든 의사는 면담시간에 환자에게 통증그림을 그리도록 할 수 있다. 환자는 종이에 자신이 불편하게 느끼는 것, 통증, 기능장애, 흥분 등을 색과 형태로 표현한다. 이렇게 그림을 그리게 하는 이유는 환자가 병에 대해 얼마나 불안해하고, 병을 얼마나 중하게 느끼며, 그의 사회적, 정신적 면과 병이 어떤 관련이 있는지 알아보기 위한 것이다. 의사는 이를 근거로 환자에 대한 치료구상을 하게 된다.

- 실제 크기의 신체그림을 그리기 위해서는 시간이 어느 정도 지나야 되는데, 무엇보다 자신의 외모에 문제를 가진 사람들에게는 더욱 그렇다. 예를 들어, 병원치료를 받고 있는 섭식장애 환자와 비만 환자 같은 경우다(Feiereis[22], Mayer[23]). 신체그림에서 중요한 것은 가능한 한 정확하게 신체윤곽을 그리는 것이다. 환자는 벽에 서거나 바닥에 눕는다. 라포가 형성된 동료 환자가 부드러운 연필로 상대방 몸의 윤곽을 그려 준다. 신체 윤곽을 따라 그릴 때는 그리는 사람이 환자의 몸과 직접 닿지 않도록 연필을 세로로 세워 그린다. 그러기 위해서는 연필에 막대기를 꽂아 연필을 길게 한다. 신체그림을 완성한 후에는 그것을 벽에 붙인다. 환자는 크기가 같은 자기 모습 앞에 선다. 그다음 신체 윤곽을 칠한다.

환자는 실제 크기의 자기 몸과 마주하여 몸 전체를 색칠할 수 있게 되며, 이러한 자극을 통하여 그림은 유동적이 되고, 자신이 겪는 신체 차단으로부터 벗어나게 된다.

🐦 정신역동적, 체계적 맥락의 신체그림

'신체그림 장면'

다음에 제시하는 신체그림 주제는 심리진단에 도움이 되며, 미술치료에도 중요하다. 주제는 구체적으로 신체 절단, 즉 자기 자신이 신체를 직접 훼손하거나 가족 중의 한 사람이 그렇게 하거나, 동화, TV, 책 이야기나 지인 또는 내담자들의 이야기나 꿈에서 나온다.

이러한 주제의 신체그림에는 위협적 힘, 예를 들면 수술용 칼, 무기, 도로교통, 불, 물, 파편 더미, 마술, 폭력 등과 보조 자아가 함께 나타난다. 이러한 신체그림은 오래전부터 자주 가족 간에 있었던 고통스러운 사건이나, 무의식적으로 봉사직 같은 직업을 선택한 동기나, 가정에서 그와 같은 상황이 일어난다는 단서를 제공한다.

신체그림의 건강 요인과 병 요인

신체그림은 자신의 신체감각을 그린 것이다.

신체그림은 그린 사람의 초상화다.

신체그림은 자주 심리적 콤플렉스의 상징이다.

자발적으로 그린 다른 모든 그림처럼 신체그림도 그린 사람의 육체적, 영적 '지금-여기 상태'를 보여 준다.

미술치료사가 신체그림을 읽을 수 있으려면 일련의 인생과정에 대한 확실한 입장과 감정이입이 필요하다.

이와 관련하여 다음의 일곱 가지를 다루고자 한다.

① 신체그림의 일반적 인상
② 신체그림의 에너지 흐름
③ 신체그림 분할
④ 통증 상징
⑤ 피부/'광채'
⑥ 다른 그림요소들과 관련된 신체
⑦ 미술치료사의 스승인 신체

1. 신체그림의 일반적 인상

신체그림을 처음 보면 특별한 감정과 연상들이 떠오른다. 자세, 분명한 비대칭, 특이한 비율, 너무 '이상화된 방식', 잘게 잘려진 분할, 뭔가 맞지 않는 특이한 것, 그림을 그린 내담자에게도 있는 동일한 특징 등이 눈에 띈다.

무엇보다 처음 받은 인상에 주의를 기울인다. 처음에 뭔가 맞지 않고 정의 내릴 수 없을지라도 무엇보다 먼저 눈에 들어오는 것, 신체그림의 첫인상에서 특별하게 보이는 것, 이상한 것에 주의를 기울인다. 이렇게 하는 이유는 나중에 그림에 대한 '신중한' 생각을 자주 함으로써 초기에 받은 첫인상이 희미해지기 때문이다.

🐦 잘린 두 팔/입의 부재

　다음의 신체를 그린 남성은 신체적 장애가 아닌 심리적 '장애'를 겪고 있다. 절단된 두 팔과 입이 없는 얼굴은 자신의 소망들을 말하지 못하고 또한 그것들을 다룰 수 없는 고통을 표현한다.

🐦 순종 자세

46세 여성은 이완연습을 한 후에 신체그림을 그렸다. 그녀는 남편과 자식들이 항상 반복되는 자신의 무릎 통증에 대해 특별한 이름을 붙여 주었다고 웃으면서 말한다. 그녀가 무릎 통증을 호소하면 가족들은 "아! 너의 권위자 무릎이 다시 알려 주는구나."라고 말한다.

🐦 순종 자세

이 여성은 자기 그림에 고개와 몸을 앞으로 숙인 순종 자세가 자기보다 훨씬 나이가 많은 언니, 자기를 항상 윽박지르며 부당하게 다루었고, 12년 전에는 아버지 유산을 가로챈 언니와 관련 있다고 밝힌다. 그녀는 자기 권리를 요구하기 위하여 언니 쪽으로 천천히 걸어가야 했지만, 그것은 이 여성에게는 상상조차 할 수 없는 일이었다.

🐦 그림에 '구체화된' 감정들

이 그림의 무릎에 있는 톱니바퀴, '권위자 무릎'의 장애와 순종 자세는 신체 통증뿐 아니라 '구체화된' 감정들을 암시한다.[24]

🐦 무릎 스스로 말하기

치료사: 톱니바퀴로 고생을 하는 무릎이 말을 할 수 있다면 어떤 말을 할 수 있을까요?

내담자: 글쎄요……. 무릎은 이렇게 말을 할 거예요. "나는 너를 보면 언제나 혐오스러운 너의 언니가 기억난다."

치료사: 기억난다고요? 왜 기억을 해요? 무엇을 기억해요?

내담자: 글쎄요……. 무릎은 아마 이렇게 말할 겁니다. "너는 이미 12년 전 유산문제 이후 언니가 없는 것처럼 여겼어. 너는 항상 언니가 안중에도 없다고 말하지."

🐦 순환적 질문

치료사: 돌아가신 아버지가 방금 무릎이 말한 것을 듣게 된다면 무슨 말을 할까요?

내담자: 나의 아버지요……. 아버지는 이렇게 말하실 것 같아요. "내가 있는 이곳에는 모든 것이 아주 다르게 보인다. 부디 평화스럽게 마무리하여라."

치료사: 당신은 아버지에게 어떤 대답을 할 것 같아요?

내담자: 아버지에게 어떤 대답을 할 것인가? 글쎄요. 아직 할 말이 많다고 말할 거예요. 그렇게 말할 거예요. 언니, 그 늙고 야비한 인간, 그 인간은 오래전부터 온갖 병치레를 다 했는데,

내가 병에 걸렸을 때, 길어도 6개월만 살 수 있다고 말했어
요. 그렇게 말함으로써 언니는 나를 이겼어요.

치료사: 아버지가 그 말을 듣는다면 뭐라고 말할까요?

내담자: 아버지…… 하늘에 계신…… (이 말 때문에 당황한다.) 아버
지는 이렇게 말할 거예요. "너희들은 돈 때문이 아니라 사
는 것 때문에 서로 질투하는구나. 너희들은 누가 더 오래 살
지 경쟁하는구나."

치료사: 그러면 당신은? 당신은 아버지에게 뭐라고 말하겠어요?

내담자: 음, 아버지가 바로 보셨다고 말할 것 같아요. 아버지가 정확
하게 보셨다고 말하겠어요. 무릎 톱니바퀴는 항상 내가 언
젠가는 죽어야 한다는 것을 상기시켜 줘요. 그래도 언니에
게는 절대 부탁하지 않을 겁니다.

치료사: 그러면 아버지는…….

내담자: (생각에 잠겨) 아버지는 이렇게 말할 겁니다. "네가 바로 서
서 몸을 돌려 죽음과 너의 언니를 똑바로 쳐다보면 무릎은
그렇게 많이 견뎌 낼 필요가 없었다. 무릎 톱니바퀴는 사실
더 이상 아무런 의미가 없었을 텐데."

치료사: 아버지가 당신들에게 하는 말을 어머니가 듣게 된다면 어
머니는 뭐라고 말할 것 같아요?

내담자: 나의 어머니, 아, 그래요. 내 생각으로는 어머니도 아버지와
같은 말을 할 겁니다.

치료사: 만약 죽음도 당신 말을 엿들었다면 죽음은 뭐라고 말할 것
같아요?

내담자: 죽음이…… 엿듣는다……. 무슨 말을 할지……. "나는 너희

모두를 베어버릴 테야……. 나는……(울음)……."

🐦 메시지

이러한 치료적 대화는 어쩌면 새로운 '사실'을 알려 주지는 않을 것
이다. 그러나 내담자 스스로 그녀의 무릎, 신체 자세, 부모, 죽음과
'하늘에 계신 아버지'의 대변자 역할을 했기 때문에 그녀가 말한 것
들은 이제까지 몰랐던 영역에서 나온 메시지이며, 완전히 새로운 마
술적 의미를 얻게 된다.

🐦 '역동적 그물망'

정신역동과 체계에 근거한 대화의 단계를 다음의 에너지운동 도식
에서 볼 수 있다.

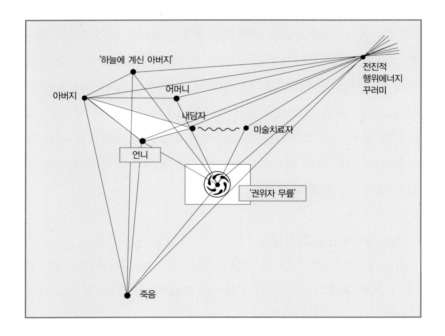

🐤 에너지 이동의 모형도(앞의 도식 참조)

병든 무릎('권위자 무릎')은 스스로 말을 하면서 자극을 준다. 관련된 다른 모든 문제는 그림 밖에 자리를 잡게 되었다. 아버지, 어머니, '하늘에 계신 아버지' 모두와 죽음을 통하여 두 자매간의 적대적 입장표명을 들을 수 있다. 여기에서 아무 말도 하지 않은 언니('상처')의 입장은 다른 모든 사람이 말한 입장의 문맥이 말해준다.

🐤 종이 왼쪽에 연결된 퇴행적 에너지

모형도는 자매 갈등, 유산과 과거의 삶에 매인 에너지를 일목요연하게 보여 준다.

🐤 오른쪽 상단에 모아진 전진적 에너지

그럼에도 불구하고 언급된 모든 문제에 대해 건설적 대화를 하게 되었다. 전진, 미래 그리고 전망으로 향하는 이러한 에너지들은 오른쪽 상단에 '에너지 꾸러미'로 모인다. 이 에너지 꾸러미에는 12년 전부터 멀리했던 언니와의 끝나지 않은 갈등을 다룰 가능성이 보인다. 신체그림을 통한 대화에서 내담자는 언니가 어디에 사는지, 언니의 자식이 몇 명이며 그들의 이름은 무엇인지 모르고 있었다는 것을 인식하게 되었다. 또한 여기에서 노년과 죽음에 대해서 대화를 나눌 수 있는 에너지도 얻게 되었다.

🐤 계속되는 치료적 관계

미술치료는 미술치료사와 내담자 간의 상호 신뢰관계로 이루어진다. 이러한 관계의 상징은 이 모형처럼 다음에 제시되는 모든 모형에서도 물결선으로 나타난다.

2. 신체그림의 에너지 흐름

몸-빈 공간, 관, 사다리 조직

삶이 일련의 과정이라는 것을 이해하기 위해서는 우리의 몸이 수많은 빈 공간으로 연결되어 있다는 사실을 아는 것이 중요하다. 몸의 다양한 체액이 이러한 공간과 관을 통하여 각각의 길을 만든다. 우리는 영양분들을 교환하고 변화된 것을 세상에 되돌려 주기 위해서 체액의 바다에서 수영을 하는 것 같다.

우리는 이와 동일한 방식으로 우리의 주변에서 나온 정서적, 정신적 영양분을 받아들이며, 그것들을 영적, 정신적 양식으로 이용하고 다른 것들과 교환한다.

🦋 막힌 관-차단 상징

병든 정맥(혈전증 정맥염)을 현미경으로 보면 피가 멈춰 있는 것을 알 수 있다. 피가 흐르지 않으면 생명의 진행을 막는 통증과 경련이 일어난다.

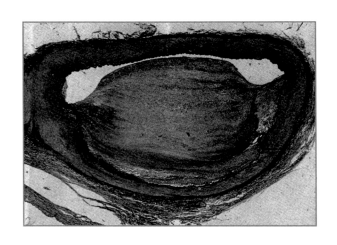

🐦 열린 관-에너지의 자유로운 흐름 상징

49세 남성은 호흡연습을 한 후에 다음 그림을 그렸다. 이렇게 열린 관을 유기체 조직에 배열하는 것이 반드시 필요한 것은 아니다. 이 그림은 통로와 자유로운 통과와 흐르고 있다는 것을 상징한다.

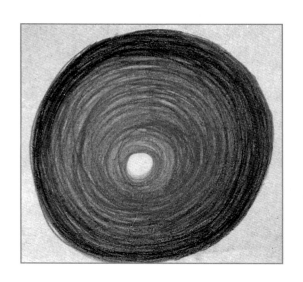

다음 그림은 현미경으로 본 혈액모세관 단면을 보여 준다. 이런 그림에도 장기나 세포의 공동(空洞)이 열려 있으며, 자유롭게 통과한다는 것을 읽을 수 있다. 이것은 흐를 수 있다.

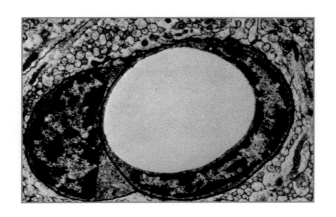

🐦 심장박동

TV에서 자주 복강이나 가슴을 열어 놓고 수술하는 것을 볼 수 있다. 내시경으로 몸의 내부를 본다. 요즘은 이런 수술을 받은 경험이 없는 사람도 모니터를 통해 몸의 내부에 심장이 항상 박동하는 것을 보고 체험(!)할 수 있다. 이러한 심장박동은 가장 미세한 세포부터 큰 장기, 폐, 위, 장, 심장순환과 뇌까지 연결되는 생명 원리다.

🐦 펌프 작용

몸의 심장박동은 '펌프 작용'의 결과다. 이렇게 심장박동의 진행과 영양소들을 순환시키기 위한 세포의 펌프 작용은 중요하다. 많은 부분적인 펌프 작용들은 점점 커지는 펌프 작용과 서로 연결된다. 전체 유기체는 서로 다른 강도와 진폭으로 박동하는 일련의 연동 운동관들이다. 심장박동이 마비되면 병에 걸리게 된다.

🐤 신체그림과 자화상

장기박동의 힘과 강도는 우리에게 생동감과 정체감을 부여한다. 생물에너지학자들[25]에 의하면, 우리는 일반적으로 자기정체감에 대하여 타인의 평가보다 스스로의 평가에 더 많이 의존한다. 다시 말해, 우리는 내면에서부터 외부로 우리를 스스로 인식한다. 신체그림은 이러한 내면의 느낌에서 나온 것을 표현하며, 우리의 자화상과 같다.

🐤 근원적 리듬

우리는 모든 생명체에서 심장박동 리듬(더 길어지고 확장되는/수축과 단축)을 발견하는데, 심장에서는 리듬이 거칠고 각 세포에서는 극히 작다. 모든 생명은 진동한다. 움직임이 없으면 생명도 존재하지 않는다.

🐤 신체그림의 심장박동

32세 여성은 '몸을 통한 여행'을 한 후에 신체그림을 '추상적'으로 그렸다(79쪽 위 그림). 이 여성은 화살로 심장박동 느낌을 표시했다. 그녀의 심장박동 그림은 생물에너지 모형과 유사한 방식이라는 것을 알 수 있다.

🐤 몸 세포의 심장박동

다음 도식(79쪽 아래 그림)은 세포의 심장박동에 대한 기본 유형과 자극이 일어나고 유지되는 유형의 관계를 보여 준다(Kelemann[26]).

수축

팽창

지속적 팽창과 수축

🐦 에너지

'에너지'라는 말은 많은 의미를 지니고 있다. 그것은 전기 에너지, 방사선 에너지, 빛 에너지, 핵 에너지 등을 의미할 수 있다. '에너지'는 물질적 구조, 우리 몸을 관통하는 섬세한 물질의 박동과 관련될 수 있다. 이러한 섬세한 물질의 충격들이 에너지인데, 동양의학은 수천년 전부터 평안, 건강, 치료과정의 단서를 여기에서 발견했다.

🐦 에너지 흐름

에너지 흐름과 생명에너지에 대한 생각은 서양인들에게 낯선 것은 아니지만, 서양의학은 이러한 개념을 별로 연구하지 않았다.

단지 현대의 몸 치료, 생물에너지, 기공 및 특정 마사지학파(양극 마사지[27] 등)들만이 생명에너지의 흐름과 영역을 치유방법의 기본으로 삼고 있다.

🐦 신체그림의 에너지 흐름

신체그림을 이해하기 위해 이러한 에너지 흐름에서 어떤 것을 보거나 감지할 수 있는지 질문하는 것은 중요하다. 에너지 흐름은 신체 영역과 신체그림에서도 수평, 수직, 원, 나선 형태로 움직인다.

나선 흐름   횡적 흐름   종적 흐름

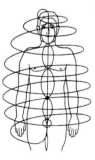

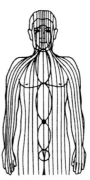

Chapter ❶ 신체그림에 표현된 삶의 흐름과 장애 및 차단

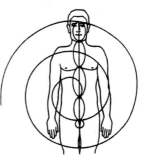

🐦 에너지 중심

32세 여성은 누워서 '몸을 통한 여행'을 한 후에 다음 그림을 그렸다. 이 그림은 미술치료사들이 에너지와 에너지 흐름과 에너지 중심을 고려하고, 이 영역에서 자신들의 고유한 경험을 축적했을 때만 이해할 수 있다.

에너지 흐름들을 직선적 과정으로 생각해서는 안 된다. 에너지 흐름들의 결합은 역동적 관계로서, 이러한 점에서 그림의 모든 선은 에너지 중심에서 나와 에너지를 발산하고 중심으로 되돌아가는 물결 형태의 에너지 박동을 묘사한다.

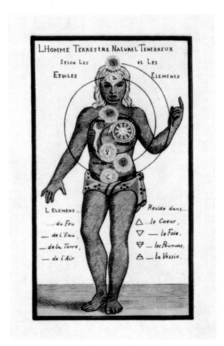

차크라(Gichtel)

🐦 에너지 원천

모든 에너지는 한 원천에서 발원한다. 여기에서 다루려는 에너지 원천은 생명과 모든 의식 있는 존재의 근원이다. 중국인들은 이를 '도'라고 하며, 아유르베다 의술을 실시하는 인도인들은 '브라만'이 라고 한다.

신체그림을 다루는 미술치료사들은 시각적으로 눈에 띄는 '부분'과 차단된 것만 보고 치료에 접근하는 데 만족할 것이 아니라 '더 높은 진리'에도 다가가야 한다. 이를 위해 치료사는 스스로 자신의 생명을 만들어 내는 원천과 접촉을 시도해야 한다.

이 주제를 요약하면 에너지 흐름 영역에 나타나는 차단은 신체그림에서 두 가지 방법으로 표현된다.

① 에너지 상징인 선, 동심원, 원, 나선 등은 **빽빽**하고, 헝클어지며, 흔들리지 않는다.
② 신체는 속이 비어 있다. 속이 비어 있는 신체는 내담자가 자신의 신체감각과 접촉하지 않고, 텅 비어 있다고 느끼며, 몸을 돌보지 않고, 경우에 따라서는 참을 수 없는 신체 통증을 의식으로부터 분리했다는 것을 알려 준다(87쪽 그림).

3. 신체그림 분할

신체그림을 읽기 위한 가장 쉬운 방법은 에너지 차단이 특정 감각기관 조직과 확실한 관계를 맺는 곳을 발견하는 것이다.

🐦 영혼을 대변하는 감각기관

신체그림을 다루면서 우리는 심신상관 의학 영역을 만나게 된다. 차단된 감각기관 조직은 대부분 (무의식의) 영적 또는 정신적 갈등을 대변하거나 '위탁' 받은 것이다.

영적 긴장상태 및 흥분상태와 자율적으로 조절되어 자아로부터 영향받을 수 없는 신체기능들(통증, 눈물, 빠른 심장박동, 힘 없는 무릎, 위통 등)이 긴밀한 상호작용을 한다는 인식은 의학의 역사만큼이나 오래되었다. 그러나 오늘날 그러한 지식은 무의식에 대한 정신분석의 인식을 통하여 고도로 분화된 의학 분야가 되었다.

미술치료사로서 신체그림을 다루려면 정신신체 서적(Uexküll[28])을 읽고 공부하길 추천한다. 그림이 전하는 장애 메시지는 후에 상세하게 다룰 감각기관 대화를 통해 더 잘 알 수 있으며, 내담자와 대화를 함으로써 완전하게 다듬거나 그림 차원에서 문제를 해결할 수 있다. 관련 서적을 읽은 사람은 감각기관의 언어를 더 잘 이해할 수 있는데, 중요한 것과 덜 중요한 언어를 구별하여 좀 더 빨리 '핵심에' 이르게 된다.

그러나 너무 많은 이론지식 때문에 그림에 선명하게 보이는 것을 놓칠 수 있다. 이상적인 미술치료사 입장은 초보자 정신(Suzuki[29])을 지니는 것이다. 그것은 치료사가 내담자와 함께 깨어 있는 '지금-여기 상태', 직관적 주시, 명석한 이해와 엉클어지지 않은 명확한 감정을 가지는 것이다.

그러한 미술치료사는 결정적 순간에 그가 공부했던 것과 세션을 시작하기 전 처음 내담자와 느슨한 상태를 가졌던 것이 떠오른다는 것을 믿는다.

심장 순환조직의 차단

다음의 그림(90쪽 그림)을 그린 남성은 "이 남자의 맥박에는 돈이 흐른다……." 그리고 잠시 후에 "심장은 깨끗하다."라고 말한다.

피의 흐름은 감정의 흐름과 어느 정도 관계 있다. 정열적인 사람들은 뜨거운 피를 가졌으며, 분노가 심하면 혈관에 피가 끓고, 적대감은 차가운 피를 만든다.

이 그림에서 피는 돈으로 대체되었다. 돈이 혈관에 머물러 있는 것처럼 보인다. 돈이 혈관을 막아 그 남자를 위험에 빠뜨린다. 놀라운 것은 이 그림을 그린 사람이 의학을 전공한 사람이라는 것이다.

🐦 자기 불행을 알고 있는 내담자

'깨끗한 심장'이 상징하는 것은 상황을 '정확하게 인식하는 것'이다. 내담자가 매달리는 주제는 안정된 생활과 재산축적과 같은 것이다. 고대 이집트 의학에 의하면, 의식하고 진리를 인식하는 곳은 머리가 아니라 심장이다.[30]

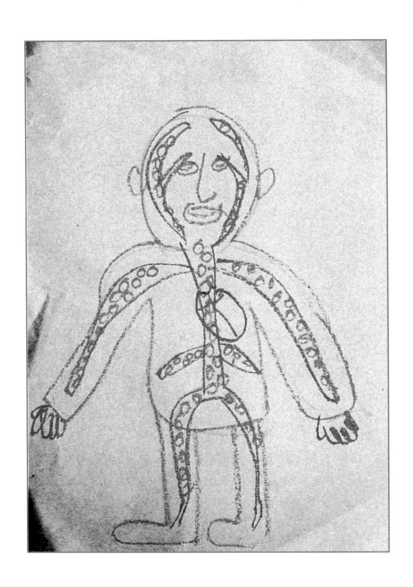

Chapter **❶** 신체그림에 표현된 삶의 흐름과 장애 및 차단

🐥 통증 그림

환자들은 병원 면담시간에 연필로 심장의 통증 위치를 그리도록 제안받는다. 그들이 그린 그림은 단순하면서도 전달력이 많은 스케치 형태다(Jahannsen[31]). 다음의 그림에서 왼쪽 그림의 목구멍은 끊어진 가는 선들로 그려졌다. 환자는 경련과 통증과 허약해 보이는 혈관들을 그린다. 이 그림에는 혈액의 통로, 감정의 통로, 에너지의 통로가 방해를 받고 있다.

오른쪽 그림에서는 혈관 흔적만 알 수 있다. 심장은 사선으로 칠해졌는데, 작은 별 모양이 통증 지점을 표시한다.

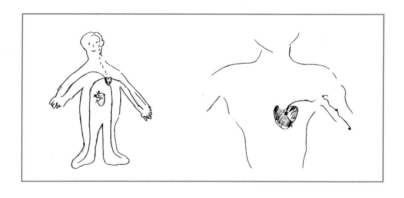

🐥 심장이 말을 할 수 있다면……

시간이 제한된 면담시간에 그린 통증그림에서 정신신체 요소들을 탐색할 수 있다. 상황에 따라서는 담당의사가 심장이 말을 할 수 있다면 무슨 말을 할 것인지를 질문함으로써 인상적인 결과를 얻을 수 있다. 이러한 질문을 하고 환자가 하는 대답을 경청하는 것만으로도 이미 심리치료가 된다.

🦋 구상적 신체그림과 추상적 신체그림

그림을 그리면서 별 생각 없는, 즉 퇴행상태에 있는 환자들은 자주 고대 의학서적의 삽화와 비슷한 '내장'을 그린다.

다음 그림은 13세기 그림인데, 심장은 자루처럼 목 아래에 걸려 있다. 혈관의 끝은 잔가지처럼 보이며, 막다른 골목에 도달한 것 같다. 해부학적으로 '잘못' 그려진 것이 많지만, 이러한 인간 묘사는 어딘지 모르게 사랑스럽다. 인간은 '완전'하다.

의학 삽화는 시대정신을 반영한다. 신체그림은 그린 사람의 성향을 나타낸다. 신체를 구상적으로 그리는 사람은 느낌과 감각이 우세한 사람이다. 신체를 추상적으로 그리는 사람은 감정과 거리가 멀고 사고형으로 그림을 고안해 낸다.

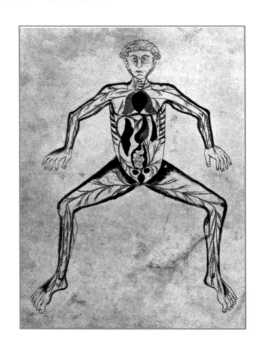

🐦 도식

다음의 왼쪽 도식은 혈액순환을 현대적, 사실적으로 묘사한 것이다. 도식은 혈액순환의 한 부분만 고려하지만, 그 안에서 인간은 우주적으로도 연결된다. 이 도식에는 혈액순환이 활력과 감정과 관련이 있다는 사실을 찾아볼 수 없다. 오른쪽 도식에도 그런 점이 거의 없다. 이 도식은 폐쇄된 위치들을 표시하는데, 여기에 고통스럽게 보이는 '막힘'이 있으며, 이러한 것은 병을 수반한다.

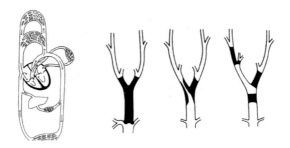

🐦 도식과 상징의 차이

도식을 읽기 위해서는 이해가 필요하다. 반면 상징은 기분에 호소하며 전인적 관점에서 파악된다. 상징은 우리를 심사숙고하게 하며, 삶의 근원적 수수께끼들을 드러나게 한다.

🐦 이시스 여신의 혈액순환

이집트 여신 이시스의 혈액순환, 즉 이시스 매듭이라고 알려진 이것은 이집트인들에게 생명의 상징이며 불멸의 상징이다. 이 '매듭'은 지상 이집트인과 지하 이집트인을 연결해 주며, 그에 해당하는 '세계들'을 결합한다.

크고 무거운 심장이 있는 다음의 신체그림에는 유입도 유출도 없다. 에너지는 자루 속에 있는 것처럼 매달려서 아래로 누른다. 이 그림을 그린 56세 남성은 '그리움'이라는 제목을 붙였는데, 여기서는 그리움도 '내려앉았다.' 늙어 가는 이 남성은 고독하다. 필자는 노인집단과 만나는 것이 그에게 도움이 될 것이라고 제안했다.

🦜 완전히 차단된

24세의 젊은 여성이 그린 다음 그림의 심장은 검은 다이아몬드 형태 안에 감금되어 있다(불안). 이 여성이 그림 옆에 메모한 내용은 다음과 같다. "나올 수 없다–몸은 아무것도 느끼지 못한다."

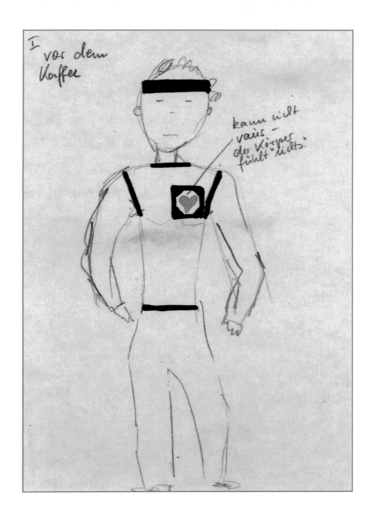

🕊 경계선 장애-공허감

이 그림과 메모는 경계선 장애(Rohdedachser[32])를 인상적이고 고통스럽게 표현한다. 영혼은 '텅 비어 있다.' 몸은 아무것도 느끼지 못한다. 영혼은 산산조각 분열되고 해체되었다. 이와 같이 신체그림에 있는 모든 부분도 분열되었으며, 특히 심장은 다시 벽으로 둘러싸여 분리되었다. 지각기관은 희미하게 그려져 있다.

🕊 커피 중독

이 여성은 얼마 후에 커피의 효과를 그렸다. 커피는 이 여성에게 일시적(!) 활력을 되찾아 주는 유일한 수단이다. 해체감과 공허감은 유동적인 생명감각에 일시적으로 굴복한다. 그러나 분열된 차단 에너지들이 실제로 변하거나 미술치료에서 충분하게 다루어져(다루어질 수 있는) 변화된 것이 아니라 일시적으로 신체그림 및 신체감각에서 밀려나와 있다. 분열된 차단 에너지들이 왼쪽 어깨 위에서 빨리 되돌아오라며 기다린다.

커피 효과가 식으면 '공허감은 전보다 더 심해진다.' 결국 이 여성은 심각한 커피 중독으로, 많은 경계선 장애 내담자가 실제로 자기 피부를 자르는 것처럼, 자기 자신을 느끼기 위해서 칼로 자기 살을 잘랐다. 어느 날 이 여성에게 신체에 필요한 혈액공급 능력이 없는 심장 대상 부전이 나타났으며, 정신병원으로 입원하라는 지시가 내려졌다.

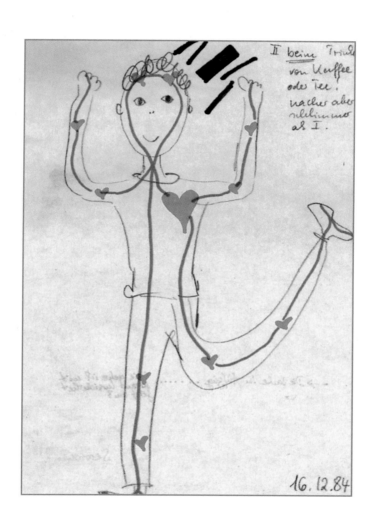

🐦 새가 쪼아 먹는 것 같은 통증

다음 그림을 그린 43세 여성은 새가 자신의 심장을 쪼아 먹는 것과 같은 통증을 겪었다. 새는 뾰족하고 날카로운 부리로 그녀 삶의 중심을 쪼아서 마침내 여성 자신을 파괴한다.

🐦 순환적 질문 특징

이 그림처럼 자기공격적 역동이 존재의 중심을 위협할 때, 추천하고 싶은 치료방법은 치료사가 먼저 내담자의 주의를 (표면적으로!) 지엽적 역동으로 옮겨 놓고, 그것으로 내담자의 자기공격적 콤플렉스 에너지를 제거하는 질문방식을 취하는 것이다. 순환적 질문기술(예: 이 그림을 당신의 어머니/아버지/남편/아들이 본다면 무슨 말을 할 것 같아요?)을 통해 내담자 마음속에 내면화되었다가 그림을 그리면서 나타나는 드라마틱한 내용, 과거의 민감한 관계역동이 밝혀지고 인식된다.

수많은 신체그림에서 심장 차단(감정 차단과 영적 차단!)을 알려 주는 표시들은 가장 중요한 것으로, 도식적이며 단순한 형태로 나타난다.

치료적 열쇠는 이미 언급했듯이, "이 심장이 말할 수 있다면 무슨 말을 할 것인가?"라는 질문이 될 수 있다.

목에 있는 심장

거꾸로 돌려진 심장

'바지 안에 있는' 심장

점 형태의 심장

반대 위치에 있는 심장

몸과 분리된 심장

몸 전체를 덮는 심장

날아간 심장

가라앉아 잃어버린 심장

상처 난 심장

뚫린 심장

분열된, 우유부단한 심장

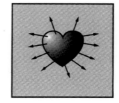

화살에 찔린 심장

찔린 심장

점선의 약한 심장

유출되는 심장

위협받는 심장

깨진 심장

피 흘리며 우는 심장

꺼안고 있는 공생적 심장

위와 장의 관 차단

위와 장의 관에서 소화과정을 방해하는, 소화할 수 없는 덩어리들이 많이 나타난다.

🐦 음식 섭취의 양가감정

섭식장애 여성의 그림을 보면 입술 사이에 음식물 덩어리가 걸려 있는 것처럼 보인다. 이런 사례를 '과잉공급'이라고 한다. 먹어야 하는가, 아니면 먹지 말아야 하는가(식욕부진증 분열)?

🐦 위의 정체 상황

죽이 위 안에 멈춰 있다. 다시 심각한 분열을 읽을 수 있다. 삼킨 것을 아래에서 받아들여야 하는가, 아니면 다시 토해야 하는가(거식증 경향)?

🐦 주고받기: 정신신체 유추

우리에게 나타난 감정들을 받아들이는 것은 신체 영역에서 보면 음식 섭취 그리고 소화와 배설 과정에 해당된다. 지적, 정신적 양분도 그렇게 소화되어야 한다.

때때로 섭식장애자는 자신의 식욕장애를 일시적으로나마 정보와 지식 쪽의 관심으로 옮겨 놓기도 한다. 이 그림을 그린 여성은 '게걸스럽게 음식을 먹어 치우듯' 책과 잡지들을 읽었다.

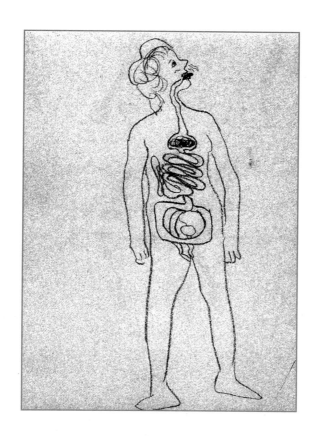

🐦 신체기관 대화

이러한 치료과정에서 신체그림들은 실제의 것, 다시 말해 마음 깊은 곳에 있는 정서적 결핍을 드러낸다. 신체기관 대화는 다음의 방식으로 전개된다.

치료사: 위장이 죽에게 말했다.

내담자: 나는 닫혀 있어. 나는 너를 밀쳐 내 버릴 거야. 받아들이지

않을 거야.

치료사: 그러자 죽이 말한다.

내담자: 엄마는 또다시 요리하느라 애를 많이 쓴다.

엄마는 늘 요리를 한다. 모든 것이 먹는 것으로 이어진다. 엄마는 너에게 모든 것을 다 먹인다. 죽인 나로서는 첨가물들에게 미안하다. 내가 생각할 때, 달걀은······.

치료사: (말을 중단시키며) 그러자 위에게 자리를 빼앗겨 볼 수 없었던 심장이 말했다.

내담자: 왜 심장이야? 아, 그래, 맞아, 가슴에 심장이 있어야 하는데, 지금은 그곳에 음식물로 가득 채워진 위가 있지. 글쎄, 심장이······ 심장이 말했다면······ 심장이 무슨 말을 했느냐 하면······ "나도 아직 여기 있어. 나는 아주 슬퍼."(내담자는 운다.)

🐦 최초의 감정

내담자의 그림에서 전혀 볼 수 없었던, 생각지도 않았던 감각기관 연결을 통하여 두 번째 순서인 에너지 이동과 해결에 이르게 된다.

🐦 불필요한 설명

그와 같은 짧고도 정서적 자극을 주는 개입을 한 후에는 더 이상 아무것도 설명할 필요가 없다. 중요한 것은 효과적 작용으로 음식, 정서가 유동적으로 흐르는 것이다. 설명은 정서적 동요를 다시 합리적으로 막아 버리고 차단한다.

🐦 소화 대신 되새김질

섭식장애로 고통받는 여대생은 새로운 것을 연습한다. 그녀는 위에서 음식을 다시 꺼내 '되새김질을 한다.'

이 여성은 이러한 '습관'으로 섭식발작을 하지 않게 되지만, 어느 날 '되새김질'이 다른 젊은이들에게 좋지 않은 영향을 미친다는 것을 깨닫는다. 그녀는 심리치료를 시작하였고, 그 과정에서 다음의 그림(106쪽 그림)을 그렸다. 식도는 정체 관이 되고 위는 어떤 일도 일어나서는 안 되는 자루가 된다.

다음 그림을 통해 확실하게 알 수 있는 것은, 식도와 같은 신체기관이나 기능적 요소가 병적으로 '점거'되면 생명의 흐름이 중단된다는 것이다.

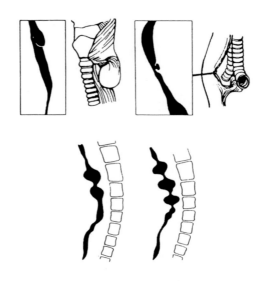

위기상태의 식도: 병적 뒤집힘과 수축(의학 도식)

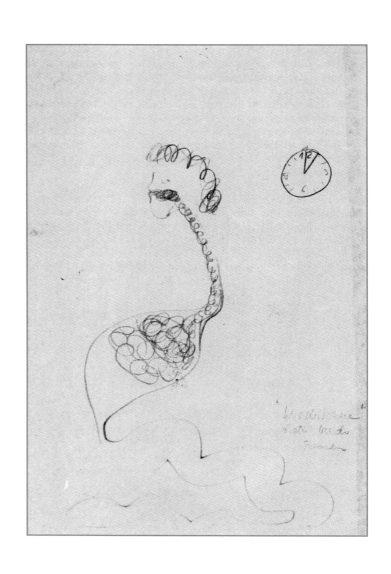

🐦 정서적 왜곡

일반적으로 치료사들은 자신을 찾아오는 내담자들이 적어도 의무교육을 받았기 때문에 인체해부와 신체에 대한 기본지식이 있으며 그에 대한 기억을 가지고 있다고 믿고 치료를 시작한다. 그러나 병이 들면 어떤 특정한 장기감각, 통증, 압력, 장애 등에 의해 과거에 배웠던 것이 왜곡되고 일그러지며 비틀려, 그러한 기억들이 혼란을 겪을 수 있다는 것을 배제하지 않는다. 학력이 높은, 심지어 의학을 전공한 사람들조차도 그들 신체 내부에 대한 '생각'을 특이하게 그린다.

🐦 위기

식욕부진증을 겪는 여성 의료기술 보조원은 소화기관을 입에서부터 직장까지 그렸다. 다음의 왼쪽 그림을 보면 위는 아래가 '막혀 있고' 장은 빈 공간 없이 선으로만 그려진 것이 눈에 띈다. 이 젊은 여성

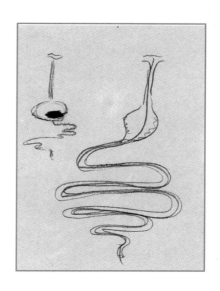

은 필자와 그림에 대해 간단히 이야기를 나눈 후에 오른쪽 그림에서
보듯이, 죽이 통과하는 경로가 최소한 보장된 새로운 그림을 그렸다.

🕊 '발 작'

거식증을 겪는 이 여성의 잘록한 허리는 어떤 죽도 받아들일 수 없
다. 이 그림은 온몸으로 음식을 거부하는, 극도의 긴장된 '발작상태'
를 표현하고 있다. 그림 속의 여성은 음식을 소화하는 대신 모두 토해
버린다.

비뇨 생식계의 차단

21세의 의대 여학생(!)은 2년 전부터 생리가 나오지 않는다고 한다. 그녀는 치료 중에 자신의 자궁을 그렸다(112쪽 위의 그림). 자궁은 검은 고리들이 붙어 있는 고깃덩어리처럼 보인다. 질이 없다. 이 자궁 그림을 보면 심장이 쇠고리로 감겨 있는 『강철의 하인리히(*Eisern Heinrich*)』동화가 떠오른다. 이 그림에서는 '여성성의 심장'인 자궁이 막혀 있다.

🕊 신체기관 대화

112쪽 위의 그림을 보면서 신체기관에 대해 이야기 나눈 것을 요약하면 다음과 같다.

치료사: 검은 고리가 말했다······.

내담자: 나는 너를 꽁꽁 감고 있다. 뭐든 네 마음대로 할 수 있어. 하지만 나를 없앨 수는 없어.

치료사: 그러자 빨간 신체기관이 대답했다.

내담자: 너는 항상 그곳에 있었다. 그러나 지금처럼 이렇게 내 가까이 바싹 다가온 적은 없어······.

치료사: 누구와 이야기하고 있니?

내담자: (머뭇거리며, 숨을 깊이 쉬고) 엄마와.

치료사: 엄마와 이야기하고 있다니 잘됐구나.

🐦 순환적 질문을 통한 아버지 개입

신체기관 대화에서 아버지에 대한 '언급'이 없기 때문에, 치료사는 순환적 질문을 통하여 아버지를 대화에 들어오게 할 수 있다.

치료사: 만약 너의 아버지가 여기 있어서 자궁과 검은 고리가 지금 이야기한 것을 듣는다면 뭐라고 말씀하실까?

내담자: 아버지는 이렇게 말씀하실 거예요. "또 그 모양이냐. 나는 상관 안 해. 아내는 나에게도 그와 똑같이 하지. 아내는 나를 완전히 꼼짝 못하게 만들어."

🐦 대 면

신체기관 그림으로 가족 상황이 밝혀진 후, 미술치료사는 내담자와 부모의 관계에 대한 작업을 했다. 이 작업이 이루어진 후에 여성은 부모 집에서 나와 주거공동체에 살게 된다.

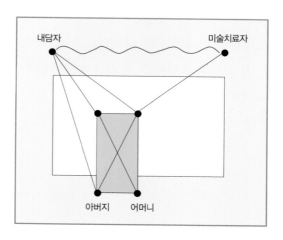

🐦 신체기관에 손 얹기

이 여성은 부모 관계 작업을 한 이후로 치료시간 동안 두 손을 아랫배에 올려 놓는다. 그녀는 어머니의 집착 대신 점차로 자기 고유의 에너지를 느끼게 되는데, 이 에너지는 이물질로 되어 버린 신체기관을 다시 몸 전체로 연결해 준다.

🐦 치 유

내담자는 몇 주 후에 또 자궁을 그렸는데, 횡단면에서 한 개의 구멍을 볼 수 있다(112쪽 아래 그림). 내담자는 4개월 후에 다시 생리를 하게 되었다. 그 후 자신이 성관계를 했다는 것을 암시하는 그림을 그렸다(113쪽 그림).

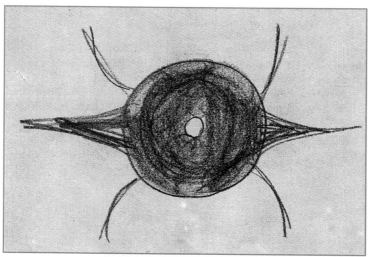

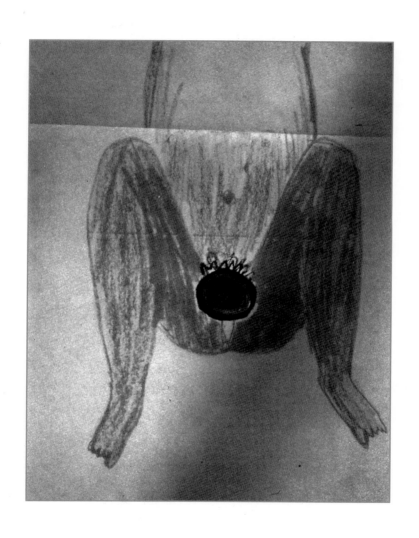

뼈대와 운동기관의 차단

　생물에너지학에 의하면, 인간이 바로 서고 '꼿꼿한 자세'를 유지할 수 있는 힘은 척추가 아니고 심장이다. 심장박동은 근육의 수축과 팽창으로 이루어진다. 몸의 결체조직과 근섬유들은 놀랍도록 잘 엮어져 맥박 흐름(왼쪽 그림)을 보존한다. 모든 근섬유가 경직되고 엉클어지면 운동에너지가 막히고 경화와 통증이 일어난다(오른쪽 그림).

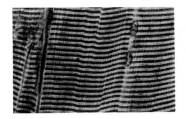

　생물에너지 관점에서 똑바로 서 있는 사람은 맥박이 뛰는 수직의 '아코디언'(Kelemann[33])과 같다. 예를 들어, 스트레스로 근육이 강하게 박동하면 척추가 단단해지고 경직된다(왼쪽 그림). 반대로 근육이 약하게 박동하면 척추가 허약해진다(오른쪽 그림).

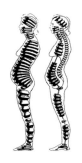

🐦 주변에 매달린 뼈대

이제 막 대학입학 자격시험을 치른 20세 식욕부진증 여성이 그린 다음의 그림을 보면, 신체의 운동기관과 정지기관이 전혀 기능을 하지 못하고 와해되어 있다. 갈비뼈는 몸 안에 이리저리 걸려 있는데, 이것은 정신적으로 아무런 방향감각 없이 '주변에 매달린 것'을 상징한다. 그림을 보면 이 여성은 '머리'와 '성(性)'를 통합할 수 없으며, 성 정체감에도 큰 문제를 안고 있다.

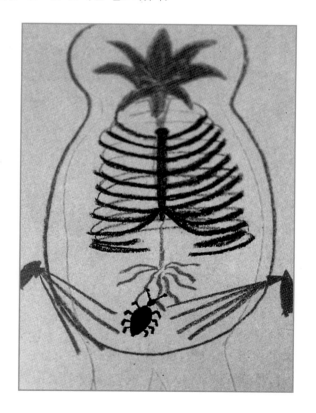

🐛 그리워하며 외면한

46세 여성이 그린 다음의 신체그림을 보면 몸이 앞으로 나아가지 못하고 있다. 관계와 활력에 대한 소망은 '머리에' 깃발처럼 박혀, 일종의 '고착된 생각'이 되었다. 깃대는 경직된 척추처럼 보이며, 두 발은 바닥에 붙어 그리워하며 열망하는 손 방향으로 몸을 돌리지 않는다. 불안이 무의식적으로 막고 있기 때문에 자기를 향한 친절한 손이 있다는 것을 생각할 수 없다. 현실을 보기보다 차라리 계속적으로 소망하는 편을 선택한다.

🐦 찢어짐: 차단의 상징

'막힘' 만이 아니라 '찢어짐' 도 에너지 흐름인 운동박동이 원활하게 흐르지 못하는 것을 상징한다.

🐦 그림요소들의 대화

그림요소들의 대화는 다음과 같이 진행될 수 있다.

치료사: 옛날에 한 송이의 꽃이 있었다(116쪽 그림 아래 꽃). 어느 날 이 꽃은 살아가면서 한 번도 보지 못했던 어떤 특별한 것, 빨간 것을 눈여겨보게 되었다. 꽃은 이 빨간 것에게 물어보았다. "너는 누구니? 거기서 뭐하는 거야?" 그러자 빨간 것이 대답했다.

내담자: 나는 다리야.

치료사: "다리라고? 어떤 다리야?" 하고 꽃이 물었다.

내담자: 다리는 사람에게 있는 거야. 나는 어떤 여성의 것이야. 이 여성은 나 때문에 걸어갈 수 있어.

치료사: "걸어간다고? 그게 무슨 뜻이야?" 하고 꽃이 물었다.

내담자: 음, 말하자면 한 발을 앞으로 놓고 그다음 움직이는 거야.

치료사: 꽃은 다리에게 물었다. "너도 그렇게 할 수 있니? 한 다리를 앞에 놓을 수 있어?"

내담자: 내가 원한다면 할 수 있어. 그러나 그렇게 하지 않을 거야. 나는 할 수 없어.

치료사: 그러자 꽃은 손에게 물었다. "너는 발이 방금 한 말을 이해하니?" 그러자 손이 대답했다…….

내담자: 두 발은 기다리고 있어. 그렇기 때문에 움직이지 않아. 두 발은 계속해서 기다리기 때문에 나는 이들을 쓰다듬어 주고 싶지 않아.

치료사: "다리들이 이미 오랫동안 기다렸다고?" 꽃이 손에게 물어보았다.

내담자: 이 여성, 이 발을 가진 여성은 평생을 기다렸어.

치료사: 그녀는 자기를 쓰다듬어 주길 평생 동안 기다렸다고?

내담자: 맞아, 그런데 아무도 오지 않아(눈물을 흘린다.).

치료사: 그 후 꽃은 발에서 말려 올라가는 고리모양 동그라미들(활력을 위한 자원, 상징)에게 물었다. "말려 올라가는 너희 동그라미들은 우리의 꽃잎처럼 보이고, 말려서 춤추는 것 같기도 해. 너희들을 그린 여성이 너희들처럼 그렇게 움직일 수 있다고 믿니?" 그러자 동그라미들이 대답하기를…….

내담자: 동그라미들이 대답하기를…… "이 여성은 춤추는 것을 좋아해."

치료사: "너희 두 발도 팽이가 돌듯이 원을 만들며 돌아 볼래? 그에 어울리는 음악을 알고 있니? 춤곡? 활기찬 음악?"

내담자: (웃음. 경직성이 풀린다.) 옛날 왈츠 곡 같은…….

다음 그림을 그린 39세 여성은 '공격성에 대한 지독한 불안'을 안고 있다. 이 여성은 자기 그림을 보며 말한다. "내 부모는 지겹도록 싸웠어요. 나(그림의 앞부분에 앉아 있는 인물)도 함께 싸웠거나 싸움에 끼어들었다면 죽었을 거예요."

🐦 공격적 억제

이와 같이 화가 나서 누구를 때리거나 자신을 때리는 것에 대한 심한 불안이 신체의 모든 세포에 틀어 박혀 있다.

이 여성은 자기경험 집단미술치료 과정에서 나무판에 큰 점토 덩어리를 던지며 욕설을 뿜어내기 시작했다. 그 순간 이제까지 한 번도 체험하지 못했던 해방감이 터져 나왔다. 그러나 다음 날 이 여성은 오른팔이 '마비된 것처럼' 고통을 느꼈다. 오래된 죄책감과 과거의 불안이 전날 '때려 쓰러뜨리기'와 '보복'을 감행하게 하였으며, 그것을 과감하게 시도한 '나쁜 팔'을 마비시켰다.

🐦 카타르시스 해소 후의 죄책감

앞에서 보았듯이, 카타르시스 해소는 실제로 의도했던 것과 정반대의 영향을 미칠 수 있다. 민감한 죄책감들은 과거의 불안들을 안고 공격적 행동들을 바로 마비시킨다. 여기서 중요한 것은 앞 그림을 근거로 계속하여 치료 작업을 하는 것이다.

🐦 신체기관 대화

신체기관 대화는 다음과 같이 진행될 수 있다.

치료사: 그림에서 오른팔의 고통이 손에게 말한다.

내담자: 때리는 것은 허용되지 않아. 그런데도 때리면 벌 받을 거야. 너는 어깨 전체가 마비된 것을 보고 있어. 네가 화를 내고 때리면 나도 언제나 너를 아프게 할 거야.

치료사: (노란색 후광을 가리키며) 노란색 후광이 이야기를 듣고 끼어들어 말했다.

내담자: 너, 검은 테두리를 한 팔! 너 스스로를 그렇게 한 것과 나의 보호로부터 빠져나온 것이 마음에 안 들어. 너의 원래 자리로 되돌아가면 내 기분이 나아질 거야.

치료사: 그에 대해 팔이 대답하기를…….

내담자: 나는 입에게 부모를 비롯해 과거에 나를 화나게 하고 고통을 주었던 모든 사람을 혼내 달라고 부탁할 수 있어.

치료사: 팔의 말을 들은 입이 말했다.

내담자: 내가 고함치는 것처럼!

치료사: 한번 들어보자!

내담자: 고함친다.

치료사: 이제 팔이 몸에 속한다는 것을 다시 느끼도록 오른팔을 흔들어 보아라.

내담자: 고함을 치고 팔을 흔든다. 그런 후에 기분이 아주 좋아진다.

하루 전에 뿜어낸 욕설에도 불구하고 입은 빛나는 후광 안에 머물러 있다. 이 그림이 주는 메시지는 먼저 말과 고함으로 공격적이 되는 것이 가장 빠르게 통합될 수 있는 방법이라는 것이다. 자기차단이 너무 강하게 내면화되고 '구체화'된 사람이 공격적 '상징 행동'을 먼저 하는 것은 시기적으로 이르다.

🐦 분리된 사지

그림에 신체 부분이 분리되어 있으면 대부분 이 부분에 특별한 '심리적 에너지 점거'가 있다. 손이 분리된 경우, 주로 적극적으로 일하는 영역에 문제가 있다. 발인 경우에는 대부분 자주성 문제와 관련된다. 어떤 사례든 미술치료사는 내담자에게 종이나 점토를 제시하여 분리된 신체 부분과 연결된 몸 전체를 완성하도록 할 수 있다.

🐦 토막 난 신체

신체 일부분이 산산조각 나거나 토막 나 있으면 자아상에 심한 상처를 받았으며 장기간 병원치료도 함께 이루어져야 한다는 것을 알려 준다.

신경조직과 감각기관 영역의 차단

얼굴 없는 감각기관

그림에 얼굴과 사람은 없고 눈만 보이면, 보는 것, 주목하는 것, 지각하는 것, 기억하는 것, 관찰하는 것, 주시하는 것의 전체 과정 어딘가가 막혀 있다. 예를 들어, 누군가에 의해 주시된다는 느낌이나 의구심 등과 관련된 심리적 에너지가 과도하게 자리 잡고 있다.

홀로된 슬픔

다음 그림에는 허공에 떠돌아 다니며 눈물 흘리는 눈들이 있다. 여성 내담자는 눈을 반복하여 그렸는데, 어떤 눈은 눈물을 많이 흘리고 어떤 눈은 눈물을 적게 흘리고 있다. 또 어떤 눈에는 속눈썹이 더 많

이 있고 어떤 눈에는 더 적게 있다.

　미술치료사는 이 그림에 대하여 이야기를 시작하거나 이 여성에게 계속하여 그림을 그리도록 격려함으로써 분리되어 울고 있는 심장과 눈을 연결하여 슬픔의 까닭을 알아낼 수 있다.

🐦 콤플렉스가 되는 감각적 인상

　미술치료 그림에 표현되는 떠돌아다니는 눈들을 보면 생물에너지학, 통일체이론이 떠오른다. 즉, 신체과정의 다양성, 특히 데카르트(Descartes[34])가 1664년에 그린 다음 그림처럼 지각과 행동자극 관계를 떠올릴 수 있다.

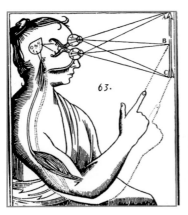

🐤 보는 습관

보는 습관에는 내면을 보는 것이 강조되거나('외부'에 대한 불안) 외부로 향하는 것이 강조되는(자기 '내면'에 대한 불안), 즉 어느 한쪽만 강조됨으로써 근시와 원시가 될 수 있다.

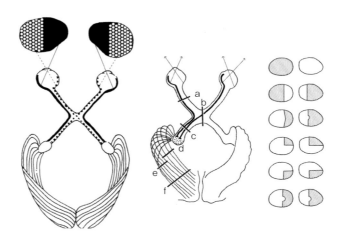

시신경 궤도(왼쪽 그림), 시신경 궤도 진로 차단(중앙 그림), 해당 가시영역 손상(오른쪽 그림)

🐤 모든 감각의 총체가 된 귀

51세의 여성은 어린 시절 자기 방에 누워 있는 자신을 그린다. 아이의 머리에서 나와 거대하게 커진 귀가 문에서 무엇을 엿듣고 있다. 아이나 자신의 모습이 아니라 귀가 자신의 전체가 되었다. 귀는 부모가 옆방에서 섹스하는 것을 엿듣고 있다.

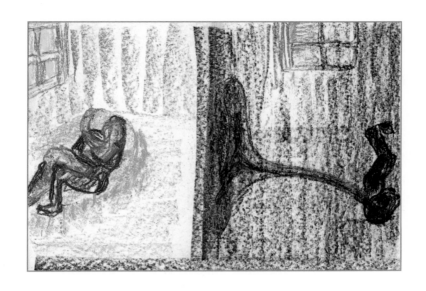

🐦 감각기관의 과잉 점거

이 그림처럼 청각기관이 과도하게 크게 그려지면 귀가 그렇게 '심리적 점거'를 당한 것이다. 예를 들면, 호기심, 금기로 여기는 질문과 답에 대한 불안, 트라우마 경험, 불안을 야기시키는 소음들, 어쩌면 스스로 그처럼 주의 깊고 큰 귀가 되고 싶은 (투사적) 소망, 자신이 그 방에 있고 싶은 소망에 사로잡힌다.

🐦 제한된 '청각범위'

심리적 혹은 감각적(126쪽 그림 참조)으로 제한된 시야가 있는 것처럼, 제한된 청각범위도 있다. 이 사례에서 청각범위는 섹스 주제로 좁혀져 있다. 남성과 섹스 경험이 없는 이 여성의 그림은 항상 불가능 해보이는 주제와 어머니와 경쟁(남근기 역동)하는 주제에 고착되어 있다.

🐦 정신적 귀

 이 여성이 정신적 주제에 대해 열려 있는지 그렇지 않은지에 상관
없이 치료사는 수용적 미술치료 관점에서 그녀에게 '정신적 귀를 빌
려' 줄 수 있다. 예를 들어, 귀 석비에 있는 그림을 보여 줄 수 있다.
세 쌍의 귀가 그려진 귀 석비는 고대 이집트 도시 테베에 있다. 찬가
는 "존귀하신 신은 그를 부르는 사람에게 오신다. 광휘로운 모습으로
귀에 다다르시네!"라고 노래한다.

 이제 이 여성은 뭐라고 말하는가? 그녀는 어떻게 반응하는가?

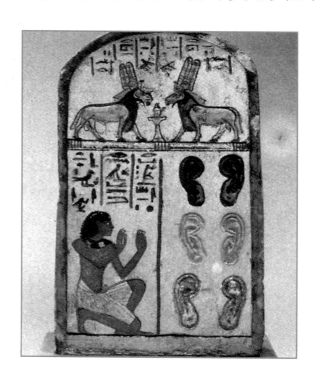

🐦 체계적 연결

그녀가 귀 석비에 그려진 세 쌍의 귀에게 무슨 말을 하든, 그녀의 그림에 있는 고통당한 귀와 신성한 세 쌍의 귀와 찬가는 이제부터 서로 연결되며, 심리적 조직은 정신적 공간으로 확장되었다.

신체강(腔) 사이의 차단

🐦 세 개의 신체공간

몸은 세 개의 빈 공간이나 자루로 나뉜다. 이 세 공간은 생리적, 생물에너지학적으로 특별한 기능을 한다.

심장은 혈액을 펌프질하며, 몸 전체에 특수한 기능을 한다. 뇌는 척수 부분과 말초 부분과 더불어 전체 유기체 안으로 확대된다. 소화기관은 위장뿐 아니라 전체 내부기관 조직을 포함한다.

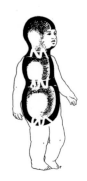

세 개의 신체공간 도식

🐤 '건강한' 신체그림

신체그림은 몸에 나타나는 분화가 탄력적이고, 섬세하며, 통기성이 있고, 약동적이며, 상징적으로 '생동감 있게' 묘사될 때, 예를 들면 원이나 타원형으로 묘사될 때, '건강하다.'

🐤 에너지가 과잉 점거된 머리 부분

40세의 여성은 '몸을 통한 여행' 연습을 한 후에 다음 그림을 그렸다. 그녀는 연습 중에 성적 영역에 강한 감각을 느꼈는데, 이 부분을 느슨한 원으로 그렸다.

그와 반대로 테두리를 진하게 칠한 머리 부분에는 에너지가 과도하게 점거된 것으로 보인다. 실제로 이 여성은 성관계에 대해 '머리로' 너무 심하게 통제하는 고통을 겪고 있다.

🐤 몸을 가로지르는 차단

31세 여성이 호흡연습을 하고 난 후에 그린 다음 그림을 보면 자연스러운 신체공간들이 서로 막혀 있다. 한 개의 검은 각목은 복부와 가슴을 분리하며, 다른 각목은 가슴과 목 사이에 박혀 있다.

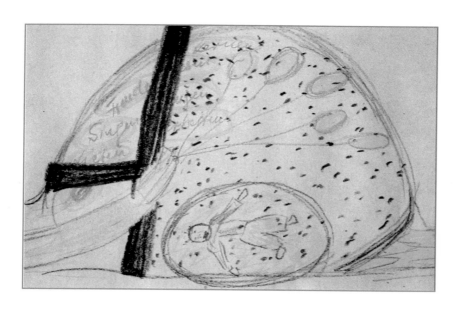

🐦 무 박동

검은색 차단은 경직되어 있는데, 이러한 차단은 맥박과 신체공간의 에너지 흐름을 더 이상 제공할 수 없다. '육체적 삶'은 '맥박 점'으로 상징되는데, 이는 아동화에서 리듬과 생동감을 나타낸다. 몸은 허락되지 않은 임신처럼, 내면의 아이가 태어나면 안 되는 것처럼 정체된 삶에 부풀어 오른다.

🐦 신체기관 대화

치료사: 옛날에 한 개의 타원형 포대기(아이를 부드럽게 감고 있는 포대기 의미)가 있었다. 그 포대기는 안에 들어 있는 것(아이를 의미)을 보고 놀라서 말한다. "너는 누구니? 어떻게 여기로 들어올 수 있었니?"

내담자: 나는 아이야. 나는 언제나 여기 있었어.

치료사: 언제나 여기 있었다고?

내담자: 나는 늘 이 안에 갇혀 있었어.

치료사: 갇혀 있었다고? 누가 너를 가두었니?

내담자: 저기 검은 각목이야. 나는 그것을 건너갈 수가 없었어.

치료사: 너, 검은 각목아, 너는 이 아이가 하는 말을 들었니? 도대체 네가 누군지 말해 봐!

내담자: 나는 불안이야.

치료사: 아, 그래, 검은 불안. 아이가 자라나려고 하는 곳, 바로 그곳에 네가 있다니, 유감이구나.

내담자: 아이는 그 안에 있어야 해. 아이는 손해만 주거든. 아무도 이 아이를 좋아하지 않아. 아이가 하는 말은 모두 거짓말이

야. 그러니까 숨어 있는 것이 훨씬 더 나아.

치료사: 검은 각목아! 그럼 너는 아이가 그곳에서 나올 때, 이 세상 어딘가 아이를 친절하게 맞이해 줄 사람이 있다고 믿니?

내담자: (동요하며) 할머니야.

치료사: 검은 각목아, 할머니는 아이에게 무슨 말을 할 것 같니?

내담자: 할머니는 말하기를……, "아, 나의 사랑스러운 꼬마야, 그 동안 힘들게 살았구나……."

🐦 에너지 이동

아이(활기찬 자원)는 자기를 보호하는 포대기에 대해 말한 후에야 에너지를 얻고 자기 이야기를 한다.

할머니가 나타남으로써 검은 불안 각목의 에너지는 힘들게 살아온 이야기에서 사랑하는 사람으로 옮겨 가게 된다.

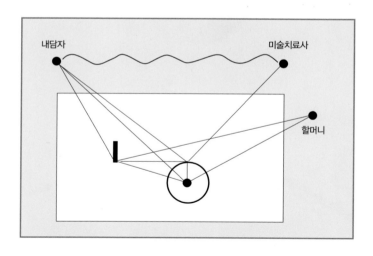

🐦 불안 빗장과 고통 빗장

이러한 종류의 불안 빗장과 고통 빗장이 신체그림에 자주 등장한다.

다음 그림은 간 질환과 관련된 에너지 차단과 불안 차단을 보여

준다.

🐦 시각화와 서술을 통한 차단 풀기

차단으로 인한 심리적 에너지 점거는 다음의 시각화 연습을 통해 변화될 수 있다. 이 연습은 여러 단계로 이루어진다.

- 내담자는 편안하게 눕거나 앉아서 눈을 감는다.
- 몸에 있는 불편한 (차단) 감정을 가능한 한 정확하게 서술해야 한다. 내담자의 모든 집중력은 이를 서술하는 데 쓰인다. 색, 크기, 형태, 차단의 위치와 이러한 특성의 아주 미세한 변화도 정확하게 말로 표현해야 한다.
- 시각화 연습은 몸에서 일어나는 차단 감정이 분명하게 변화되고, 약화되며, '더 작아지고', 더 희미해지며, 덩어리가 움직이고 사라져서 마침내 더 이상 느낄 수 없을 때까지 그리고 철저하게 '마모될' 때까지 계속되어야 한다.

이 연습 후에는 우리의 (정신)생활에서 어떤 불쾌한 것이 변화되고 멀어지는 경험을 하게 된다. 이러한 경험은 우리가 외면하거나 그와 맞서서 싸우는 것을 멈추고, 대신 마주하여 정확하게 묘사할 때만 가능하다. 필자의 경험에 의하면 '순수한', 평가하지 않는 내적 주시, 서술 자체와 그에 해당하는 말을 발견하는 것에 집중하면 콤플렉스에서 아주 많은 에너지를 끌어내게 되며, 콤플렉스가 무엇인지 '알아차리고' 수용하는 과정을 통해 콤플렉스는 분열에서 나와 자신의 존재 이유를 잃게 된다. 우리가 내려놓을 수 있는 것이 우리를 풀어 준다.

集 집단치료 후의 신체차단 해소

집단치료 첫 모임 저녁에 참여자 중의 한 남성이 그린 다음 그림(도입 그림)은 복부영역에 큰 불안 덩어리가 있는 사람이었다.

6개월 후 모든 참여자는 '몸을 통한 여행'을 한 후에 자신들의 몸 상태를 그림으로 그렸다. 다른 참여자들이 앞서 언급한 남성 그림에 주의를 기울였는데, 이번 그림에는 처음의 덩어리가 전혀 보이지 않았기 때문이다.

이 남성도 그러한 변화에 대해 놀라며 기뻐하였는데, 첫 모임 저녁에 그린 그림과 비교할 때 새로 그린 그림은 6개월 후 완전히 달라진 그의 (신체) 감정과 자아상을 반영하고 있다.

🐦 가슴 상자

다음의 신체그림은 집단치료에서 32세 여성이 그린 것이다. 이 여성은 제일 먼저 가슴 부분을 갈색 원으로 그리고, 그다음에 검은 사인펜으로 형태가 없는 가슴 상자를 그 위에 그렸다(그림의 오른쪽 사람).

"나는 내 몸을 좋아하지 않아요. 나는 항상 마른 이상형(그림의 왼쪽 사람)과 나를 비교하는데, 절대 그렇게 될 수 없어요."

🐦 신체기관 대화

치료사: 여기 있는 목이 갈색 원에게 물었다. 지금 너 위에 검은 상자가 놓여 있는데, 기분이 어때?

내담자: 달리 어떻게 할 수가 없어.

치료사: 그래도 상자가 그곳에서 무엇을 할 것인지 우리 물어보자. 그러자 상자가 말한다.

내담자: 나는 분노다. 나는 화다. 나는 빈 공간이다.

치료사: (검은 점토 덩어리를 제시하며) 나는 이제 이야기에서 떠난다. 이 덩어리를 여기 나무판 위에 던질 때, 어쩌면 분노가 터져 나올 수도 있어.

내담자: 말없이 던지자, 얼굴에 긴장이 올라온다.

치료사: 던지는 횟수를 세어 봐!

내담자: 던지는 횟수를 센다. 이 여성은 나무판에 무거운 점토 덩어리를 백 번이나 던진다.

치료사: 이제 말을 할 수도 있어.

내담자: 구역질 나는, 더러운 놈…… 역겨운…… 지긋지긋한(뒤이어 완전히 지쳐 눈물을 흘린다.).

치료사: 이제 네가 던졌던 점토로 무언가를 만들고 싶지 않니?

내담자: 형태가 없는 것, 속이 빈 것을 만들어야지.

치료사: 네가 만든 것이 말을 할 수 있다면 무슨 말을 할 것 같니?

내담자: 나는 구멍이야. 나는 공허다.

치료사: 네가 구멍에게 무엇이 필요한지 묻는다면 그것은 무슨 말을 할 것 같니?

내담자: 사랑…….

치료사: 모든 참여자에게 그 구멍 안에 어떤 것을 놓으라는 제안을
한다.

(참여자들은 차례로 자신들이 그린 것이나 만든 것을 그 안에 놓는다. 하늘, 꽃, 판 위에 놓인 분홍색 점토 아기. 참여자들은 자발적으로 차례대로 이 여성에게 기대고 또 서로에게 기댄다. 그러자 일종의 '집단신체' 가 형성된다.)

치료사: 우리는 지금 모두 서로 접촉을 하고 공허를 사랑으로 채웠습니다.

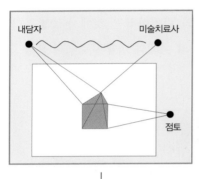 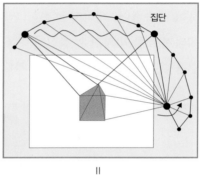

4. 통증 그림/통증 상징

통증 그림은 의학적 정신신체 치료와 심리치료 임상에서 자주 진단과 예후를 제시하며, 특히 미술치료를 시작하는 데 귀한 자료가 된다.

🐦 통증-에너지 차단을 위한 신호

통증은 항상 에너지를 차단하는 신호다. 그러므로 우리는 해부학적 신경섬유와 신경전도체를 제외하고, 다양한 의학 학파들이 항상 반복하여 서술했던, 에너지 흐름이 건강의 원천이라는 것에서 출발한다. 에너지 흐름의 차단은 정신신체 통증의 이해와 미술치료에서 통증 그림을 다루는 데 중요한 역할을 한다.

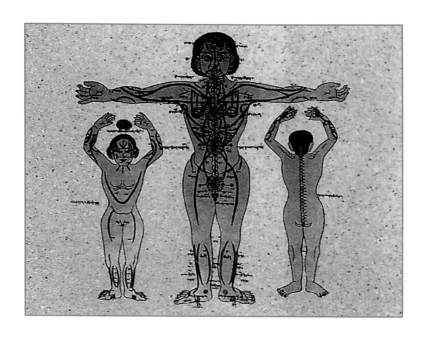

🐦 통증 지점

한 여성이 그린 신체그림의 종아리에서 확대되어 나온 통증 지점은 다음의 예를 보여 준다.

- 노란색과 주황색의 에너지 흐름이 검은 통증 지점을 '찌른다' (위).
- 에너지 흐름은 검은 통증 지점 주위를 피한다(왼쪽).
- 에너지 흐름은 검은 통증 지점 주위에 일종의 흰색 진공상태를 만든다.

검은 통증 지점은 '화농성 염증' 처럼 에너지 흐름에서 격리된 이물 질의 느낌을 불러일으키는데, 이는 심리적 콤플렉스와 비슷하게 독자

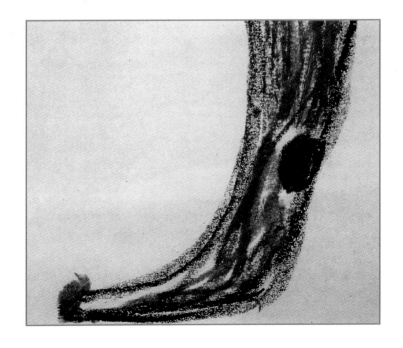

적으로 존재한다. 실제 미술치료에서는 이 같은 '통증 지점'을 폭넓게 다룬다. 미술치료는 신체 통증이 정신적 고통을 감추고 있을 수도 있다는 입장이다. 이에 따라 원래의 정신적 고통에 특별한 역할, 즉 본래의 것과 바뀌는 신체의 고통이 들어선다.

신체그림의 통증 지점은 콤플렉스 상징처럼 그림요소 대화를 통해 그것의 정신역동적인 부분을 밝혀내고, 그로 인해 다시 에너지 흐름으로 되돌아올 수 있다.

🌱 통증 지점과 불안 지점

신체와 관련된 다양한 통증 지점과 불안 지점에 대한 사례는 필자에게 치료를 받으러 온 28세 남성 내담자의 그림에서 볼 수 있다. 그는 서혜부 흉터나 맹장 흉터들로 나타난 흉터에 대한 통증과 공포에 가까운 불안으로 고통받고 있었다. 그 밖에도 위 통증과 성형수술로 인한 턱과 코의 흉터 부분 통증이 그를 괴롭혔다. 잘생긴 이 청년은 자신의 신체(자아상)에 불만을 품고 있어, 흉터 교정과 좀 더 나은 성형 상담을 하기 위하여 여러 외과 의사를 찾아다녔다.

🌱 실제 통증

이 청년이 치료에서 과거에 실제 경험한 고통인 아버지의 자살, 기숙사에서 겪은 끔찍한 경험들, 그리고 어릴 적의 자존감 문제에 대하여 말하고 그것들을 그림으로 그릴 수 있기까지는 수년이 걸렸다. 이는 치료과정에 대한 신뢰가 쌓이면서 이루어질 수 있었다. 자신의 신체에 대한 수많은 의사면담과 수술은 근본적으로 관심, 접촉, 애정 그리고 아버지를 그리워하는 아주 자연스러운 욕구가 '왜곡' 된 것이었다.

🐦 에너지 차단

이 청년은 신체 영역의 에너지 점거를 제시하기 위하여 빗장과 사각의 상징을 선택한다. 그는 오랫동안 이러한 신체 상태에서 실제 해부학적으로 증명할 수 있는 병의 과정이 나타나며, 그 이면에 '심각한 병'이 있다는 것을 확신했다.

이 내담자는 치료과정에서 통증이 변화될 수 있으며, 몸 안의 여러 곳을 돌아다니면서 어떤 때는 통증으로, 어떤 때는 공포로 나타났다가, 어느 시기에 와서 완전히 사라졌다는 것을 확신하게 되었다. 그는 자신의 근본 문제가 흉터 통증과 흉터에 있는 것이 아니라 다른 것일 수 있다는 것을 점차 깨닫게 되었다.

🐦 병상보고에 의한 재검사

치료를 시작하고 11년이 지난 후, 완전히 독립된 생활을 하고 있던 이 남성은 자신의 병력에 대한 대화에서 과거 자신의 그림을 보고 놀랐으며, 그 당시 고통의 밑바닥까지 내려간 상태에서 다시 치유된 것을 기뻐했다.

🐦 에너지 영역의 혼란

위통을 겪는 42세 여성이 그린 다음 신체그림도 에너지 영역과 에너지 발산이 방해받고 있다는 것을 확연하게 보여 준다. 검은 색의 슬픈 심장이 복부(위장 근처)로 미끄러져 내려가는 것처럼 보인다. 그것은 소화되지 못한, '납득하기 어려운' 이별의 고통을 상징한다.

 아이콘 (나비 모양)

'에너지 식충' 증상

  어느 정도의 에너지가 정신신체 증상을 잠식하는지에 대한 사례는 41세 남성이 그린 다음 신체그림에서 볼 수 있다. 그는 위통을 겪고 있다. 그가 신체를 그리면서 '에너지 장애영역'을 그리는 데 사용했던 선들(=에너지)을 모두 세어 보았을 때, 다음 그림은 약 1:100의 관계, 147쪽의 그림에서는 1:2의 관계가 된다.

이 남성이 겪고 있는 심인성 '복부경련'은 영적, 신체적, 정신적 장애영역일 뿐만 아니라 사회적 장애영역이기도 하다. 경련은 그와 그에게 다가가려는 사람들 사이에 놓인 근본적 문제에 기인하는 것 같다.

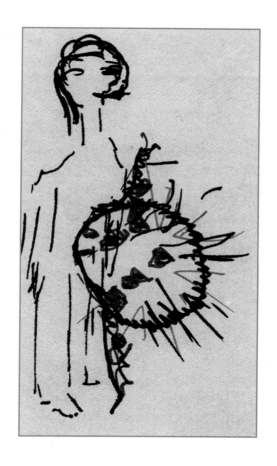

🐦 동물 상징 통증

통증은 신체그림에서 자주 동물 형태로 나타나는데, 예를 들면 벌레나 동물의 신체 일부분, 주둥이, 이빨, 발톱 등이다. 통증을 위해 선택한 모든 동물 상징은 그림요소 대화에서 개인적 의미를 파악하는 데 필요하다.

5. 피부/ '광채'

🐦 피부 영역에 차단이 존재할 수 있는가

피부는 숨을 쉬는 기관이다.

피부가 받아들이는 것은 따뜻함과 차가움, 뜨거움, 찌르는 것 같은 통증, 압력, 부드럽고 우악스러운, 단단하고 부드러운, 끈적거리는, 기름기가 있는, 물기가 있는, 따가운, 매끄럽고 거친, 축축한, 마른 느낌과 외부세계의 많은 다른 특성에 대한 느낌이다.

피부는 신체의 온기, 땀, 체취, 향기를 준다. 피부는 광채를 낸다.

피부는 경계를 짓는다. 피부는 방어를 한다. 피부는 주름과 인간이 경험한 것의 흔적들을 만들며, (얼굴) 피부에 그것들을 새긴다.

신체그림에서 피부가 보여 주는 수많은 현상을 극단적인 것에서부터 몇 가지 등급으로 나누면 다음과 같다.

- 은폐된 피부/은폐된 신체
- 옷을 입은 피부
- 다층적 피부

- 광채 나는 피부
- 짧은 선으로 그려진 피부
- '개방된' 피부/자연 그대로의 피부

🐦 은폐된 신체

때때로 그림을 그린 사람의 신체가 주사위 안에 단단한 형태나 검은색으로 갇혀 있는 것처럼 보인다. 이 상황에서는 어떠한 피부접촉도 불가능하다. 이러한 그림은 노골적으로 거리두기를 표시한다. 절대 접근 금지!

어린아이에게 중요했던 보호, 유년시절에 공격과 구타와 성폭행으로부터의 보호가 절실하게 필요했던 상황이 이제는 은폐, 감방, 감옥소가 되어 버렸다. 치료사의 개입을 통하여 그곳에서부터 조심스럽게(!) 다룰 수 있는 출구가 나타난다.

🐦 절대 갑작스럽게 빼앗지 않아야 될 보호 상징!

그림을 그린 사람에게서 신체그림이 보여 주는 방어구조들을 갑작스럽게 빼앗아가서는 절대 안 된다.

🐦 유리 안에 주조

다음 그림을 그린 28세 남성은 유리 주사위에서 태어나서 그 안에서 자란 것처럼 느낀다. 위기 상황에서 이 유리 같은 '피부'의 일부가 깨졌다. 그는 공중에 걸려 있다. 그래서 그는 치료를 받으러 온다.

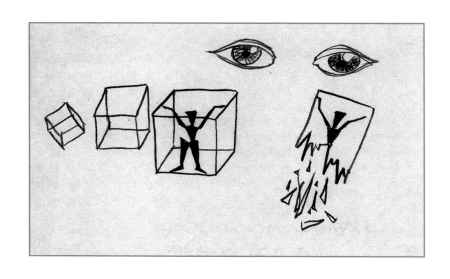

🕊 단순화된 몸

재능 있는 이 청년은 치료 초기에 얼굴 없는 삼각형 머리와 단순화된 전형적인 몸을 반복하여 그렸다. 그에게 이러한 얼굴이 없고 조작된 형태를 강요한 것은 '유리-감옥'이다. 집단치료가 진행되면서 그는 이러한 거리를 두는 감옥에서 풀려나게 되었다. 그는 이 과정에서 처음으로 살아 있는 인간적인 얼굴을 그렸다. 그의 눈에서 눈물이 흘러내렸다.

🕊 '옷을 입은' 피부

많은 사람은 보통 옷 입은 사람만 그린다. 예를 들면, 대부분의 사람들은 자신의 성기가 보이면 수치스러워하고 불안을 느낀다.

43세 여성이 그린 다음의 신체그림에 보이는 이중의 피부는 '껍질' 같다는 느낌을 준다. 생의 즐거움을 상징하는 구불구불한 빨간 곡선

과 '방어피부' 간의 대화를 통하여 그림에 표현된 경계성향의 근원과
그것이 지니는 현실적 의미에 대한 암호를 풀어 낸다.

🦋 가시투성이 피부

36세의 남성은 한 시간 동안 그로프(Grof[35])의 호흡법을 연습한 후에 자신의 신체감각을 그린다. 그는 "내 몸은 가시로 찔린 것 같다."라고 말했다. "단지 여기 복부만 열려 있는 것 같았다……. 동화『한스 나의 고슴도치』처럼……." 이라고 그는 그림을 바라보면서 생각에 잠겨 말했다. "동화『한스 나의 고슴도치』(Grimm[36])처럼……."

🦋 동화와 연결

그림을 그린 사람이 자신의 신체그림에서 동화를 연상한다면 이 동화는 그 사람과 관련된 생의 주제에 아주 중요한 정보를 준다. 미술치료사는 이 남성에게 그가 언급한 동화의 주제가 어떤 것인지, 이러한 주제는 그가 전에 의식하지 못했던 것들과 어떤 연관이 있는지 질문한다. 이 사례에서 그림을 그린 남성은 말한다. "『한스 나의 고슴도치』동화 주제는 원하지 않던 아이에 관한 것입니다……. 어느 정도는 원했는데…… 있는 그대로의 그의 모습을 받아들이지 않고…… 이방인…… 배 속에 분노, 당연하지…… 그리고 어떤 여성을 통해 구원됩니다……." 특히 마지막에 언급하였던 주제, 자신과 관계를 가진 여성을 통한 구원이 치료적으로 다루어졌다. 그에게 자원이 되었던 것은 그림의 '개방된 복부'에 해당하는 그의 '개방성'과 다치기 쉬운 민감성이었다.

🐤 피부 벗기기/내부에 있는 것 보이기

고대 의학 그림에는 신체 '내부'에 있는 것을 특별한 방식으로 표현한다. 인간 스스로 자신의 피부를 높이 들고 있다. 몸의 섬세함, 부드러움, 숨겨진 것, '내부'와 유기체의 '내면의 질서'를 볼 수 있다.

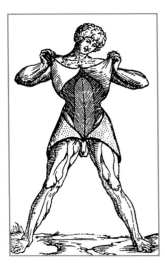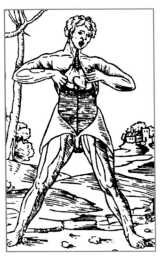

🐤 짧은 선으로 그려진 피부

내담자가 자신을 그리면서 선들을 놓치고 다시 연결하는 시행착오를 여러 번 하면서 교정한 것이 다음의 짧은 선으로 그려진 모습이다. 짧은 선으로 그려진 피부와 접촉하기가 쉽지 않다.

🐦 '개방된' 피부

많은 신체그림 중에는 피부가 몸을 벗고 나왔거나 몸 전체가 상처나 상처 덩어리인 것처럼 보이는 것들이 있다. 다음 그림(156쪽 위 그림)에서 아름다운 녹색을 배경으로 그려진 몸의 색은 오히려 피부를 통한 보호가 필요하지 않는 개방된 상태를 표현한다(호흡연습 후의 42세 여성 그림).

그와 달리 156쪽 아래 그림은 젊은 여성이 정신병적 발작이 있을 동안 그린 것인데, 여기에서 그녀의 전 존재는 자신의 상처를 드러내어 접촉에 대한 공포를 표현하고 있다.

정리하면, 신체그림에서 한편으로는 보호(피부)와 다른 한편으로는 (신체) 개방 사이의 균형이 무너지는 것은 에너지 흐름의 '차단'을 나타낸다고 할 수 있는데, 이러한 상황은 인간관계에서도 비슷하게 나타난다.

🐦 광채

광채 현상은 신체의 일부분, 예를 들어 따뜻한 손을 물리적으로 측정하거나 학문적으로 연구할 수 있는 차원이 아닌 것과 같다. 이러한 현상은 '정령' '아우라' '기'라고 하는데, 일반적으로 많은 사람이 확연하게 느낄 수 있는 '광채'다.

🐦 '영향을 미치는' 신체그림

광채 현상은 미술치료사에게 새로운 것이 아니라 자연스러운 것이다. 독자가 자기의 역전이 감정에 주의를 기울이면서 서로 다른 광채들의 '영향'을 느낄 수 있도록 다음 두 개의 신체그림을 소개한다.

6. 다른 그림요소들과 관련된 신체

🐦 장면이 있는 신체그림

신체그림에 다른 그림요소들을 함께 그려 장면이 연출되는 사례가 있다. 이러한 그림은 그린 사람이 자신의 주변환경과 관계가 끊겨지고, 타율적이 되며, 고통을 위협적으로 느끼거나 저항하는 방식이 어떠한지 보여 준다. 장면이 있는 그림에는 약함과 강함, 방어 태세, 신체의 분열체험 등이 나타난다.

🐦 불안으로 점철된 수술의 기억 탈피

52세 여성이 그린 '장면이 있는 신체그림'(160쪽 그림)을 보면 본인은 오른쪽에, 외과 여의사는 왼쪽에 나타난다. 두 사람은 수술에 대해 이야기를 나누며 유익한 정보를 교환했다. 그림에는 수술이 이루어진 한쪽 팔과 칼을 잡고 있는 여의사의 손만 그려져, 다른 신체 부분과 분리되어 있다. 이미 20년이 지난 수술 상황을 거리를 두고 지능적으로—중요한 것을 끄집어내기 때문에—그린 것을 보면 이 여성이 아직 그에 대해 불안하게 느끼고 있다는 것을 알 수 있다. 그것은 피부 종양 재발에 대한 불안이다. 이 여성은 대화에서 그러한 자기불안을 받아들임으로써 분리된 아래쪽 팔과 그 장면과 관련된 모든 감정이 제자리를 되찾게 된다.

🐦 신체와 우주의 연결

다음 그림에서 보듯이 39세 여성은 자신의 신체를 공중에 떠 있는 것처럼 그린다. 이 여성은 신체체험에서 탯줄 같은 것이 땅에 있는 나선 형태와 연결되는 느낌을 받는다. 이 나선 형태는 그녀가 어릴 때 가장 사랑했던, 오래전에 세상을 떠난 할머니다.

🐦 심오한 연결

호흡연습과 관련하여 이따금 초월적 경험을 표현한 신체그림이 나타난다. 이러한 신체그림은 정신역동 차원에서 충분하게 다루어질 수 없다. 이런 그림은 그 자체로 더 많은 것을 말하는데, 구체적으로 우리와 평생 동안 결합되어 있는 대지의 어머니와 조상과 에너지로 연결된 것을 나타낸다.

🐦 호흡연습을 통한 '우주적 경로' 개방

현대의 대도시 사람들은 이러한 연결을 자주 혼란스럽게 여기거나 전혀 연결하지 못한다. 그로프 호흡연습[37]과 같은 연습을 통하여 이러한 연결은 치료적 활기를 되찾고 신체적으로 다시 경험할 수 있다.

45세의 여성은 두 명의 자녀와 크레타 섬에서 밤새도록 하늘을 보며 밤을 지새운 경험을 그림으로 그렸다(162쪽 그림). 딸은 그녀 옆에서, 아들은 두 사람의 발을 베개 삼아 자고 있다. 그녀는 별들이 찬란하게 반짝이는 밤이 너무 황홀하여 눈을 감고 싶지 않았으며, 잠을 이룰 수 없었다. 이 여성은 문득 그 밤에 자신이 경이로운 방법으로 우주의 일부분이 되고, 생명의 원천과 생명의 바다와 연결된 것을 체험했다. 이 그림을 감상하면 세 사람이 한적한 밤에 우주의 탯줄로 영양분을 받아 우주와 연결된 것처럼 보인다.

🦜 초월적 신체경험

많은 사람에게는 살아가면서 이제까지 경험했던 경계와 구조들이 풀어지고 퍼져서 서로 연결되는 것을 느낄 수 있는 순간이 있다. 이들은 자신이 우주 전체의 일부라는 것을 체험하고 이제까지 가지 않았던 곳에 들어가서 이름 지을 수 없는 것, 무경계에 두둥실 떠다니며, 그곳에서 새로운 색, 빛, 구조들을 인식하고 말로 형언하기 어려운 것을 느낀다. 말로 표현할 수 없는 극한경험을 하는 것이다.

🦜 우주적 동심원

우리는 '구식이 된' 중세시대의 인간관으로 되돌아갈 필요가 없다. 현대에 인간 존재를 전체적이면서 우주와 연계하여 보고 해석하는 것이 다시 '유행'하게 되었다.[38) 인본주의적 의학은 인간과 인간 신체를 전체와 연관 짓고 인간 자신을 전체로 본다. 즉, 인본주의적 의학은 인간이 겪는 장애와 병이 이러한 인간 전체에서 떨어져 나왔다는 입장이며, 이에 근거하여 치료를 한다.

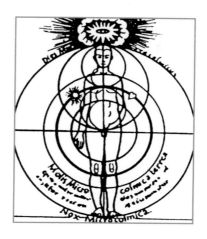

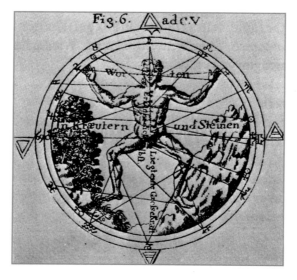

7. 미술치료사의 스승인 신체

신체그림의 차단이 말을 하도록 하면, 그것들은 스스로 암호를 푼다. 이것은 차단이 진퇴양난의 고통스러운 삶을 상징할 때 더욱 분명해진다. 신체그림에서 차단이 말을 하면서, 그것은 내담자 자신의 이야기를 하며 방해전략의 의미와 의도를 드러낼 수 있다.

그림에 있는 다른 신체 부분들도 그들의 방식대로 말하여 제자리를 잡을 수 있다. 이러한 방식으로 정신역동에 해당되는 신체기관 역동이 스스로 드러나, 그곳에서 차단 상태를 전체적으로 인식할 수 있으며, 따라서 차단은 전체와 접촉할 수 있다.

🐤 '유기체적 사고'

신체 내 신진대사, 각각의 신체 영역은 함께 있거나 함께 있지 않다는 것을 말보다 앞서 가는 유기체적 사고로 이해할 수 있다.

신체그림 작업을 하고 차단되어 막혀 있는 것에게 귀를 빌려 주는 미술치료사는 이러한 유기체적(무의식적) 사고에게 말로 표현할 수 있도록 제안한다.

🐤 유기체 조정과정의 오리엔테이션

'유기체적 사고'는 놀랍게도 여기에 서술했던 미술치료와 동일한 방법을 따른다. 모든 것은 규칙에 따르며, 그에 따라 에너지 흐름, 동종울혈, 균형 잡힌 무게중심에서 나온 협력과 원상회복이 이루어진다.

🐦 생리학적 순환 영역

모든 내분비과정, 혈압, 혈당 농도, 호흡 등은 규칙적 순환 원리에 의해 스스로 조정된다(다음 도식 참조). 이러한 것을 이탈하면 항상 고통과 병이 따른다.

화학적 분석은 주변적 접근이다. 신체기관 대화는 중심적 접근인데, 이 대화는 실제의 장애 영역, 존재, 인간됨, 영혼을 혼란하게 하는 곳이 어딘지 드러내 준다.

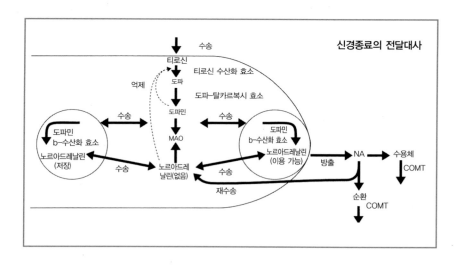

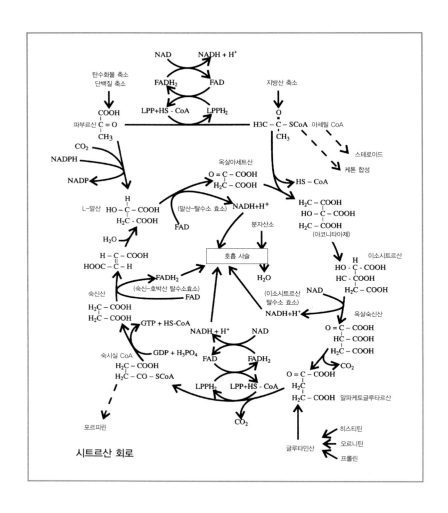

The figure contains the following labels (시트르산 회로 / Citric acid cycle):

- NAD
- NADH + H$^+$
- FADH$_2$ / FAD
- LPP+HS - CoA / LPPH$_2$
- 탄수화물 축소 단백질 축소
- COOH / 파부르산 C = O / CH$_3$
- 지방산 축소
- H3C – C – SCoA 아세틸 CoA
- 스테로이드
- 케톤 합성
- CO$_2$ / NADPH / NADP
- 옥살아세트산 O = C – COOH / H$_2$C – COOH
- HS – CoA
- H / L-말산 HO – C – COOH / H$_2$C - COOH
- (말산-탈수소 효소) / NADH+H$^+$ / FAD
- H$_2$O
- 분자산소
- H$_2$C – COOH / HO – C – COOH / H$_2$C – COOH / (아코니타아제)
- H – C – COOH / HOOC – C – H
- 호흡 사슬
- H$_2$O
- 이소시트르산 HO - C - COOH / HC – COOH / H$_2$C – COOH
- 숙신산 / FADH$_2$ / (숙신-호박산 탈수소효소) / FAD
- H$_2$C – COOH / H$_2$C – COOH
- (이소시트르산 탈수소 효소) / NADH+H$^+$ / NAD
- 옥살숙신산 O = C – COOH / HC – COOH / H$_2$C – COOH
- CO$_2$
- GTP + HS-CoA / GDP + H$_3$PO$_4$
- NADH + H$^+$ / NAD / FAD / FADH$_2$ / LPPH$_2$ / LPP+HS - CoA
- 숙시실 CoA / H$_2$C – COOH / H$_2$C – CO – SCoA
- 포르피린
- CO$_2$
- O = C – COOH / H$_2$C / H$_2$C – COOH 알파케토글루타르산
- 글루타민산 / 히스티틴 / 오르니틴 / 프롤린
- 시트르산 회로

유기체 엿듣기

① 우회/방향 벗어나기/선회

쇼크와 관련하여 동맥이 막혔을 때, 유기체는 모세관, 다시 말해

'골목'들이 차단된 혈관의 기능을 받아들여 문제의 막힌 정맥이 돌아갈 수 있게 한다. 다음 도식은 쇼크로 인하여 혈관이 좁아질 때 그와 같은 우회순환이 조성되는 것을 보여 준다.

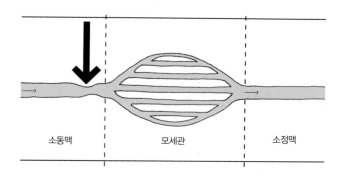

외과 의술은 이러한 유기체 능력을 이용한다. 잘 알려진 심장의 대체장기 수술에서 막힌 심장의 관상혈관에 인공 혈관기능을 투입함으로써 피가 돌 수 있게 된다. 인공 혈관기능은 우회순환 기능을 한다.

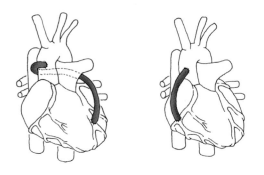

미술치료의 유사성

미술치료사도 참여자의 그림에서 읽을 수 있는 '차단' '약점' '심각한 것'을 우회하여 갈 수 있다.

- 미술치료사는 그림에 있는 자원들을 먼저 다룬다.
- 미술치료사는 내담자가 스스로 말하지 않는 '약점'에 대해 순환적 질문방식을 적용한다.
- 미술치료사는 내담자에게 종이를 한 장 주면서 가장자리에 잘려나간 그림요소를 덧대어 완성하도록 제안한다.

새롭게 열린 경로로 에너지 우회

미술치료사는 어떤 경우든 차단된 혹은 정체된, 정서적이며 창의적인 에너지를 새로운 '경로'로 열어 주고, 에너지가 우회하여 가도록 한다. 그렇게 되면 내담자의 생명에너지가 창의적 과정의 도움으로 다시 흐르게 된다.

그리기-비언어적 대피 경로

미술치료를 선택하는 것 자체가 이미 우회적 방법이며 대피방법이 될 수 있다.

정신병이나 뇌졸중 등의 중추신경장애나 신경증적 장애 때문에 언어 흐름이 막힌다면(예: 자폐증에서) 치료사는 의사소통의 다른 방법인 '함께 그리기'를 시도한다.

페치차(M. Peciccia)와 벤데티(G. Bendetti[39])가 개발한 훌륭한 방법인 이러한 그림대화를 통하여 자폐증 장애인에게 일시적으로 혹은 지속적으로 언어적 대화를 대신 한다. 또한 중증 환자나 죽음을 눈앞에 둔 환자가 말을 하지 못하거나, 언어의 흐름이 고갈되거나, 죽음에 대해 말하는 것을 두려워할 때, 그러한 것을 그림으로 그려 대화를 나누는 방식으로 대체할 수 있다(Kübler-Ross[40]).

② 분 출

유기체는 흐름을 차단하는 요소인 이물질을 분출할 수 있다. 요석이나 삼켜 버린 씨들은 자연스러운 배설과정에 밖으로 나올 수 있다. 유기체 자체로 통로에 놓인 장애물을 제거해 나간다.

미술치료 적용

- 메스 페인팅: 미술치료에 카타르시스 효과를 내는 방법이 있다. 그 예로 메스 페인팅(Schottenloher[41])이 있는데, 이 방법은 신문지 크기의 종이에 짧은 시간차를 두고 여러 색으로 그림을 그리는 것이다. 단시간에 많은 그림을 그리면서 정동과 과거의 트라우마 그림들이 '분출'되고, 다른 종이에 다시 나타났다가 또 없어지기를 반복한다.

- 점토 던지기: 필자도 점토 던지기 방법을 적용하는데, 던진 점토 덩어리를 바닥에서 집어 올려 다시 던지기를 반복한다. 이 과정에서 내담자는 점차 말을 하면서 어린 시절의 삶에 나타난 인물에게 혼잣말을 하거나 소리를 지른다. 이런 식으로 '학대받은' 점토는 내담자의 공격적 에너지와 비슷하게 '충전'되기 때문에 쉽게 밀쳐져서는 안 된다. 점토를 던지고 난 후, 억눌렸던 감정들에서 자유로워진 사람은 마지막으로 앞서 '때렸던' 점토로 어떤 형태를 만들어, 그것으로 다시 미술치료 작업을 할 수 있다.

필자는 개인치료와 집단치료 및 세미나에서 가끔씩 그림을 그린 사람이 갑작스럽게 감정이 올라와 그림을 구겨 버리거나, 던져 버리거나, 불태워 버림으로써 심하게 고통받았던 문제에서 해방되는 것을 관찰한다. 참여자들 중에는 그와 같이 손상된 그림을 세미나 장소에 버려 두고 떠나는 사람도 있다. 그들은 더 이상 그 문제와 상관하지 않으려 하며, 그림의 운명에 맡겨 버린다.

③ 용 해

혈관을 차단하는 혈전들은 혈액 안에 있는 특별한 용해과정을 통하여 녹아 없어질 수 있다. 그 후에 곪는 부작용이 따를 수도 있고 그에 따라 혈액 통로가 좁아질 수 있다. 그러나 통행은 다시 보장된다.

미술치료 적용

심리적 '이물질'과 콤플렉스도 '용해'될 수 있다. 지혈용 솜을 찢는 것처럼, 그림에 표현되는 콤플렉스 상징의 다양한 측면이 '다루어'짐으로써 문제들이 풀리고 이물질은 의미를 잃게 된다(38~39쪽 참조).

다양한 의학적 개입 중에 미술심리치료에 적절한 두 가지를 소개하면 다음과 같다.

④ 지지하기

의사는 환자가 골절을 당한 후나 장기간에 걸친 신체 고통의 결과로 운동기관이 허약해지면 지팡이나 석고붕대, 지지물, 휠체어를 제공한다.

앞선 사례에서 보여 주었던 것처럼 미술치료사도 보조 자아를 제공함으로써 일시적인 심리적 지지를 소개할 수 있다. 내담자가 충분히 독립적이 되면 미술치료사는 이렇게 위임받은 보조기능을 내담자 자아가 스스로 떼어내도록 내버려둔다. 그것은 석고붕대를 적절한 시기에 제거하여 내담자의 걸을 수 있는 능력이 지속적으로 유지되도록 돕는 의사와 같다.

⑤ 촉진

출산이 진행되지 않을 때, 분만이 '진퇴양난'에 빠졌을 때, 산파는 출산을 촉진하는 진공흡입분만기나 집게를 사용함으로써 태아의 경로를 용이하게 할 수 있다.

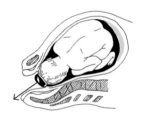 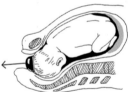 

미술치료사의 '진공흡입분만기'는 치료사 자신의 삶에 대한 의욕과 확신이다. 미술치료사의 이러한 자세는 내담자가 삶을 위협하는 방해요인을 거처 삶의 한계를 해결하도록 '견고한' 개입을 하여 내담자 스스로 다시 태어날 수 있게 한다.

그림에서 가끔 볼 수 있는, 내담자를 거의 질식시킬 것 같은 '심리적 탯줄'은 경우에 따라서 (치료적) 공동체로 이사하는 것과 같은 치료적 '처치'를 필요로 한다. 심리적 탯줄들은 '절단'을 필요로 한다.

Chapter 2

대화 치료적 그림 중재

대화 치료적 그림 중재

1. 인생행로

사람들에게 '인생행로'가 과연 무엇인지를 물어본다면 아마도 저마다 다른 답을 내놓을 것이다.

일부 몽상적인 젊은 층에게는 자신들 앞에 놓인 삶이 마치 마음대로 확 펼칠 수 있는 부채로 보일 것이다. 그래서 부채질만 한다면 이국적인 색상과 꿈들을 거침없이 따라갈 수 있을 것처럼 보일 것이다.

어느 연령층은 그들의 삶에서 단지 패턴만이 보이고, 부챗살 마디마디에서 그 패턴이 반복되고 있음을 알아차릴 것이다.

어떤 사람들은 인생행로에서 이미 운명처럼 새겨진 정거장, 터널, 속도제한 표시가 있는 철로나 이정표가 있는 도로, 좁아지는 길, 자갈로 덮인 길, 거칠고 울퉁불퉁한 오솔길, 소용돌이와 댐이 있는 삶의 강 등의 흔적을 볼 것이다. 항로, 함정, 통로, 삶의 극본, 건설을 위한 목표들로 잔뜩 채워진 샛길들…….

어떤 사람들은 심사숙고하여 스스로에게 질문을 던진다. 인생을 건설한다고? 그냥 있는 그대로 살면 안 돼? 언제나 건설만 하는 그런 거에 난 별 관심 없어…….

인생행로란 결국 무엇인가? 길은 필요 없다. 이리저리 방황하고 추구하는 것은 단지 이 깨달음을 얻기 위한 것이란 말인가? 지구는 이미 회전하고 있다. 그냥 지구를 따라 회전할 것이지…….

필자가 심리치료와 정신분석 미술치료에 종사한 50여 년이란 긴 세월 동안 나 자신은 물론 내가 동행한 수많은 환자의 삶의 궤도를 되돌아볼 때, 미술치료에서 종종 환자들이 치료사의 요구에 못 이겨 겨우 표출하거나 작업하는 듯 보이는 이러한 삶의 설계도보다 더 흥미진진한 것은 없었다. 특히 미술치료 과정에서 환자들이 거의 운명처럼 받아들였던 자신들의 인생 궤도에서 뜻밖의 탈출을 시도하는 것만큼 매력적인 것은 없었다.

이러한 예기치 못한 도약은 심리치료 과정에서 신의 은총을 받는 순간과 같으며, 이 순간은 '재생' 될 수 없고 되풀이되지도 않을 뿐더러 설명할 수도 없다. 변신과 변화의 순간이다.

막혀 버린 인생의 강

38세 여성이 자신의 삶을 흐르는 강물로 표현했다. 강물은 위에서 아래로 흐른다. 현재를 나타내는 기점에서 강물의 흐름이 모래에 막힌 것처럼 보인다. 그림을 그릴 당시 그녀는 '강물' 이 어디로 흘러가

야 할지 알지 못했다.

소위 인생행로에서 발견되는 현상에 대한 새로운 관점과 인식들은 필자에게 자유화를 중재하는 데 큰 도움을 주었다. 특히 오랜 기간 꾸준히 미술작업을 하는 사람들의 그림에서는 일련의 그림구조가 반복되는 현상을 볼 수 있었다. 이렇게 반복되는 그림구조나 색채구조들은 늘 일정하게 재현되는 내적 심리 상황에 귀속됨을 알 수 있다. 그림에 나타나는 유사한 '패턴'들은 인생행로에서 만나는 유사한 패턴이자 영혼세계의 유사한 '패턴'과도 일치한다.

이러한 삶의 패턴에 일치하는 그림 패턴 중 어떤 것들은 삶의 장애나 삶의 흐름을 가로막는 차단을 입증해 준다.

2. 삶의 파노라마

미술치료에서 이러한 '패턴'을 지각하는 데 특히 좋은 방법은 A3 용지에 각자 자신이 살아온 삶의 파노라마를 연대기별로 그려 보는 것이다. 이때 용지 매수를 제한하지 않고 마음대로 사용할 수 있도록 하여 내담자가 자신의 '생의 연대기'에서 즉흥적으로 떠오르는 모든 것을 계속 표현하도록 한다. 필자는 어떤 여성 환자가 그녀의 인생을 19장으로 연결하여 그린 일례를 경험했다. 이러한 현상은 전형적인 정신장애(아이디어와 환상의 범람/정신운동적 간질) 증상을 보여 주는 것으로 해석할 수 있으며, 환자의 상태를 진단하는 데 결정적인 도움이 될 수 있다. 이때 치료사가 단지 한 장의 종이만 제공하면 내담자는 한 화면에 자기 인생을 모두 담아 내기 위해 구조나 형태 중 어느 하나만을 선택할 것이다.

기본 패턴

인생 연대기를 그린 삶의 파노라마에는 일종의 기본 패턴이 반복적으로 나타나는데, 어떤 패턴은 강물처럼 흐르는 유동적 원리(수평선, 사행곡선, 물결선, 나선, 원)에 더 가깝고, 어떤 패턴은 차단 원리(행의 나열, 선, 기둥)를 보여 준다.

그림에 반복되어 나타나는 이러한 기본 패턴은 우리 마음속에 담긴 심상과 같으며, 그동안 살아오면서 경험하고 체득한 것, 전승받은 것, 원형적인 것과 일치하고 있음을 보여 준다.

삶의 파노라마에 나타나는 기본 패턴들은 유아 그림에서 흔히 볼 수 있는 형상화 이전의 기본 형태인 난화들을 상기시킨다.[42] 이러한 패턴들은 미술, 자연, 미생물[43], 장식문양 등에서 볼 수 있는 원초적인 형태들을 떠올리게 한다.

 수평선 홈이 있는 선 상승선 하락선 행의 나열 선 기둥 하향 사행곡선과 상향 사행곡선	나선 원 바퀴

 화면을 채우는
질서정연한 상황

 체온 곡선

 전체 삶 상징

 물결선

기본 패턴/자원/차단

다음에는 삶의 파노라마 그림들을 소개하면서 그림 깊숙이 관통한 기본 패턴들을 독자들이 잘 알아차릴 수 있도록 하겠다. 일반적으로 유동적인 삶(자원)과 삶을 가로막는 장애(차단)로 나타나는 그림 패턴에 유의해야 한다.

기본 패턴 1

51세 여성이 그린 다음 삶의 파노라마에서는 수평으로 흐르는 강물 패턴을 볼 수 있다.

🕊 자 원

이 여성은 그림의 세부적인 부분에 치우치지 않고 그녀의 아버지 쪽(짙은 파랑)과 어머니 쪽(빨강)의 특성에 고유한 자기를 통합시켜 자기만의 색조로 전체를 완성시키고 있다. 이 '색색의 강물'에는 그녀의 영혼이 동시에 존재한다(자원).

🕊 차 단

그럼에도 불구하고 아버지(바닥의 짙은 파랑)와 어머니(화면 위의 짙은 빨강)는 그녀를 보호하는 '울타리'로 항상 따라다니고 있다. 뾰족한 갈퀴들은 반복하여 나타나는 상징적인 표현으로, 이는 부모에 대한 그녀의 공격적인 태도와 위기에 처할 때마다 그들과 연결되는 '낚시바늘'이다. 이 사례의 경우, 그녀에게 변화를 가져올 수 있었던 부모와의 진정한 대화는 결국 한 번도 이루어지지 않았다.

기본 패턴 2

상승하는 직선으로 표현된 삶의 파노라마는 성과 또는 정신적, 지적 영역을 향해 고군분투했거나, 이미 습득한 높은 수준의 성과를 암시한다.

🕊 위 기

48세 여성이 그린 다음 삶의 파노라마는 영적 세계에 대한 일방적인 집념으로 인해 점차 바닥에서 멀어진 광경을 보여 준다. 영적인 발전은 그녀가 일상생활(인간관계, 기초생활비, 금전, 직업 등)을 점점 등

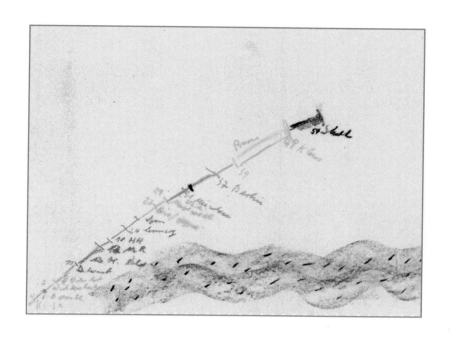

한시하게끔 만들었고, 이 그림에서 보여 주듯이 삶의 영역 간의 틈이 벌어지게 되었다. 이 영적 행로는 위기를 말해 준다. 곧 어려운 고비가 왔다.

🐦 자 원

집단 심리치료의 목적은 붕괴된 것들을 서로 연결시켜 다시 관계를 맺게 하는 것이다. 이 파노라마 그림에서는 자원이 '대지'에 있었음을 알 수 있다.

기본 패턴 3

28세 여성이 그린 다음 삶의 파노라마는 마치 편지처럼 한 줄 한 줄 읽힌다. 이 그림의 메시지는 과거에 차단된 적이 있었지만 다시 진행 중인 것으로 요약할 수 있다.

🐦 차단

줄로 나열된 기본 패턴은 서로 무관한 삶의 단락들이 세 줄 이상 또는 그 이하로 화지의 외형 조건에 의해 우연히 찢겨진 인상을 준다. 그리고 윗줄의 검은색 빗장과 중간 줄의 하늘색 빗장은 특별히 차단된 것으로 보인다.

이 그림의 색과 구조의 다양성은 긍정적 자원으로 보아야 한다. 마찬가지로 문의 상징도 이행과정을 극복할 수 있는 이 여성의 능력을 암시한다.

기본 패턴 4

43세 여성이 그린 다음 삶의 파노라마 그림은 기둥 같은 인상을 준다. 꼼꼼하게 관찰해 보면 이 기둥들은 마치 오르간의 음관처럼 일렬로 나열되어 있으며, 각 음관마다 지속적으로 성장하고 있는 그녀를 볼 수 있는데, 때로는 자신을 힘들게 하는 것들과 희미하게 구분되어 있다.

👋 차 단

각각의 기둥에서 성장하고 있는 이 여성의 위에는 항상 어떤 인물 또는 상징이 무거운 중력으로 존재하고 있다. 이 압박감은 탑처럼 쌓여 있다. 높은 수준(성과)의 원칙이 지배적이다. 그녀가 '엄격하고 좁은 형태'의 삶에 더 이상 흥미가 없음을 자각한 지점인 삶의 현재 단계로 보이는 그림 오른쪽에서 이제 막 더 넓은 다른 차원이 열리고 있음을 볼 수 있다.

👋 자 원

정렬하는 분별력을 통해 그녀의 삶을 여러 단계로 구분하고 있다.

기본 패턴 5

32세 남성이 그린 다음 삶의 파노라마에 표현된 톱니 모양은 고온과 저온을 넘나드는 체온곡선을 연상시킨다. 이러한 삶의 파노라마를 그리는 사람들은 대부분 감정 기복이 심하고 예민한 편이며, 쉽게 흥분할 뿐만 아니라 심리적으로도 불안정한 상태를 나타낸다.

🐦 차 단

파노라마 그림에서 이 남성의 선천적인 '신체맥박' 문제 외에도 차단이 있음을 알 수 있다.

그림의 중간 왼쪽 부분에 다채로운 삶의 흐름을 비스듬히 가로막고 있는 빗장이 차단의 상징임을 우리는 이미 알고 있다.

이 외에도 차단의 상징으로 삶을 겨냥하는 화살이 종종 나타나는

데, 이 남성의 그림에서는 화살의 역동성을 두 번씩이나 관찰할 수 있다. 삶의 원동력이 그로 인해 눌리고 차단된다.

창살 역시 삶의 에너지를 제한하고 차단하는 상징으로 해석할 수 있다.

🐦 자 원

빗장으로 차단되었던 다채로운 색들이 파노라마 그림의 오른쪽 끝에 다시 그려져 있다. 이 청년은 빨간 실선들로 유년 시절과 청소년 시절에 경험했던 삶의 활력을 다시 연결하여 점차 자신의 근원적 능력을 회복하고 성장할 수 있었다.

기본 패턴 6

46세 남성이 그린 다음 삶의 파노라마 그림 패턴은 구불구불한 사행곡선으로 표현되어 있다. 이 곡선은 수많은 관절이 고리처럼 이어진 벌레가 땅바닥에 납작 붙어 기어가는 인상을 주는데, 그로 인해 어느 정도 활발한 역동성을 보여 준다.

🐦 차 단

나란히 한 줄로 이어진 각각의 작은 네모 칸은 삶과 감정 기복이 제압되고 있음을 상징적으로 보여 주고 있다. 네모진 구조는 강박적인 정돈이나, 어쩌면 지나치게 근력을 아끼는 사고방식을 암시해 주고 있다.

🐦 자 원

힘줄 형태의 '본능 발현'은 심리적 이완의 단계라는 것을 암시한다.

기본 패턴 7

다음 삶의 파노라마 그림에서도 구불구불한 사행곡선의 패턴을 쉽게 찾아볼 수 있다.

🐦 자 원
이 그림의 자원은 화면 아래 왼쪽에 그려진 '태양처럼 빛나는 시기'이며, 이 시기는 출생 직후, 즉 아직 여동생이 태어나기 전이다.

🐦 차 단
이 파노라마에서 우리는 삶의 길을 가로막는 특정 '형태들'이 여러 번 반복되고 있음을 알 수 있다. 검은색이 빨간색을 지탱하고 있다. 그

녀는 이 검은색에서 아주 어릴 적부터 버릇처럼 행해 왔던 다른 사람에 대한 책임감을 발견했다. 실제로 그녀는 항상 여동생을 돌봐야만 했다. 그 후에도 아픈 남자친구(빨간색)를 간호하는 책임이 그녀의 몫이었다. 어쩌면 그녀 스스로 이러한 책임을 자초하는 것은 아닐까?

🦋 유사성

미술치료사는 그림을 보면서 서로 유사한 표현 형태들을 유심히 관찰하는 태도부터 익혀야 한다. 다음 그림(194쪽 그림)에서 보이는 세 차례의 유사한 상징들은 아주 어린 시절부터 습관화된 것으로 언제나 같은 상황구조를 재현하고 있다. 그림에서 이 여성은 "책임은 내가 질게"라고 전하고 있다. 극단적으로 말하자면, "책임을 맡아야지만 비로소 내가 살 권리가 있어"라고 전한다.

한편에서는 검정(책임 맡기)과 다른 편에서는 빨강(구속과 부담)이 상호적으로 혹은 대립적으로 서로 교체하는 놀이를 관찰해 보면 다음과 같은 의미를 알 수 있다.

- 위 그림: 어린 시절, '천방지축'의 여동생에 대한 책임감은 막중한 부담감의 검은(슬프고 불안한) 손이 되었다.
- 중간 그림: 사춘기에 그녀는 검은색(책임감)을 그대로 유지시킬 수 있는 허약한 남자친구(붉은 하트)에 집착했다. 그리고 잠시 동안이지만 (그림의 왼쪽) 그녀의 불안을 지탱해 주는 검은색 (자아) 구조가 느슨하게 풀어진 것을 볼 수 있다.
- 아래 그림: 성인기에는 간염에 걸린 남자친구를 거의 1년 동안 간호한 뒤, 지탱하고 있던 검은색의 (자아)구조가 붕괴되면서―그림

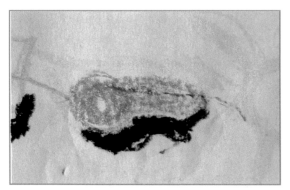

5세

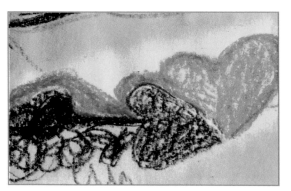

23세

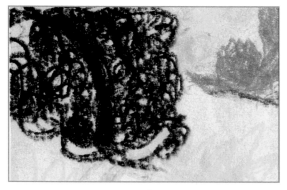

31세

의 오른쪽에서 표현되었듯이 —곧바로 자신의 도움이 필요한 다음 대상(병상에 있는 아버지)에게 기꺼이 자기 '희생'을 제안하고 있다.

삶의 파노라마에서 확대한 이 대본 구조들은 현미경으로 들여다본 세포조직들을 상기시키며, 패턴들은 삶의 전 영역에서 반복되는 현상을 강조한다. 미술치료에서 치료사는 가끔 조직학자나 미생물학자처럼 그림의 형태와 색에 표현된 미세한 유사성을 찾아내기 위해 확대경을 비추어야 한다.

🐦 유사한 '패턴'의 비교

앞에 제시된 삶의 파노라마의 세 부분을 다시금 확대시켜 보면 다음과 같은 유사성을 발견할 수 있다.

- 세 가지 색상인 검정, 빨강, 노랑은 각각 특정한 비례로 상호 연관이 있다.
- 검정은 내담자의 책임감을 상징하며, 항상 빨강(여동생/후에는 남자친구)의 구조에 밀착하여 순응하고 있다.
- 검은색은 구조의 중심이다. 처음(5세 때)에는 짙고 단단했으며, 그 후(23세) 다소 느슨해졌다. 마지막 시기(31세, 미술치료 시작)에는 완전히 붕괴되고 뭉쳐지면서 불안의 늪에 빠진 것처럼 보인다. 이 세 패턴의 유사성에도 불구하고 이들 검은색 구조의 (병적) 변화에 결정적인 큰 차이가 있음을 진단할 수 있다.

'대본 도장'

삶의 파노라마 그림에 나타나는 구조 가운데 가끔 도장과 같은 특성이 있는데, 이 그림에서 보여 주는 것처럼 특별한 정신역동의 다양한 양상을 암시하고 있다. 형태와 색이 흡사 도장을 찍은 것과 유사하게 보이는 구조들은 종종 확대경을 가까이 대고 들여다보아야만 비로소 찾아낼 수 있다. 때로는 전체 그림에서 필요한 부분만 집중하여 그대로 모사하는 것도 매우 유용한 방법이다. 이러한 방법으로 우리는 내담자의 (삶에 대한) 느낌을 공감하게 되고 동시에 미세한 구조에 대해서도 감정을 발전시킬 수도 있다.

원초적 현상의 패턴

예를 들어, 세포학에서 색소를 함유한 줄기세포를 현미경으로 관찰해 본 사람들은 유사한 세포 패턴에서 항상 반복 재현되는 유기체의 원리가 진단 또는 예후를 입증해 준다는 것을 알고 있다.

패턴은 신체적인 면에서뿐만 아니라 심리적이고 정신적인 면에서도 똑같은 원형적인 결과를 제시해 준다. 이러한 패턴에 대한 미술치료사의 전문성은 소위 가정의의 '의료 전문성'에 해당한다.

조직학자뿐만 아니라 미술치료사도 그림의 패턴을 해독하고 정돈하는 데 자신만의 고유한 기술이 있다. 그림의 패턴을 읽고 해독하는 작업에서, 미술치료사는 이러한 패턴들이 분석과 해석의 논리적인 범주에서 풀 수 없는 원초적인 현상에 더 가깝다는 것을 인정할 때 진정한 숙련에 이르게 된다.

기본 패턴 8

32세 여성이 그린 다음 삶의 파노라마에 나타나는 기본 패턴은 바퀴다. 삶의 단계들은 바퀴의 중심(출생)을 둘러싼 '창살' 사이에 정렬되어 있다.

🐦 자 원
이 파노라마는 세분화된 구조와 다양한 색상으로 인해 전체적으로 풍성해 보인다.

🐦 차 단
그림의 구조와 색은 비스듬히 뻗친 톱니선과 화면 아래 부분 검은색 톱니의 창살로부터 '방해' 받고 있다. 이 차단들은 상징적으로 강

조되어 있으나 정작 차단으로 인한 갈등 내용은 읽을 수 없다.

미술치료사가 이러한 차단 상징들을 해석할 수 있는 방법에 대해서는 이 책의 서두에 상세히 설명했다(그림요소들의 대화).

옆의 그림은 인생유전 또는 삶의 수레바퀴로 일컬어지는 고대 티베트 주술에 대한 그림이다. 인과관계의 고리가 삶의 바퀴를 움직이고 있으며, 이러한 숙명적 고통으로부터 인간을 구제하는 방법이 티베트 불교가 중시하는 주술이다(Clifford[44]).

기본 패턴 9

다음 삶의 파노라마 그림(200쪽 그림)은 독일로 이주한 31세의 외국 여성이 새로운 삶을 시작하는 내용을 담고 있다. 윗부분에는 문 밖으로 나와 '새로운 삶'을 출발하고 있는 모습이 그려져 있다. 이 여성은 이미 여러 차례 삶의 어려운 굴곡을 겪었는데, 현재는 그림 아래 앞쪽에 보이듯이 독일 남성과 아주 행복하게 살고 있다.

🐚 자 원

둥근 원형은 삶을 성취하고자 하는 희망에 대한 것이다. 마치 바구니의 테두리처럼 시작과 끝이 얽힌 삶의 원주들이 한데 모여 마침내 (삶의) 원이 완성된다.

그림 위 오른쪽에 날개를 단 하트 모양들은 멀리 고향에 있는 가족과 정서적으로 연결되어 있음을 상징한다.

🐦 차단된 과거/균열

이 파노라마에는 독일로 오기 전 매우 힘들었던 그녀의 삶은 표현되지 않았다. 삶의 파노라마에서 드러나는 차단들은 미래를 향해 흐르는 삶뿐 아니라, 과거의 추억들과도 관계될 수 있다.

기본 패턴 10

42세 여성이 그린 다음 그림은 왼쪽 아래에서 출발하여 시계 반대방향으로 자신의 삶을 원으로 그리고 있다.

🐦 자 원

그림 위 왼쪽 모퉁이에 그려진 무지개는 인생의 중반에 서 있는

이 여성이 가치 있는 삶으로 전환하고 싶은 무의식적인 기대와 대치된다.

🐦 차단

이러한 유사한 표현들을 관찰하는 것에 이미 익숙해져 있는 우리의 눈은 이 그림에서 고개를 숙이고 의자에 앉아 있는 사람이 두 번이나 그려진 것을 발견할 수 있다. 이러한 장면은 삶에 대한 의욕 상실과 생명력이 '정체' 되었음을 상징한다.

🐦 유사성 내의 차이점

이 그림을 그린 여성은 화면의 오른쪽 아래에서 어느 정도 안정된 의자에 앉아 있다. 이 여성은 다리에 빗금무늬가 있는 옷을 입고 있다. 무릎 위에 올려져 있는 양팔은 행위 충동을 암시한다.

그림 오른쪽 중간쯤 등받이가 없는 보조의자 하나가 더 놓여 있는데, 이 의자는 받쳐 주는 바닥도 없이 흔들거리는 듯 보인다. 의자에 앉은 인물은 팔을 축 떨어트리고(퇴행) 배경과 같은 회색 톤으로(벌거벗은?) 그려져 있다. 인물 위에는 엄지손가락(아버지)이 짓누르는 힘을 행사하고 있다.

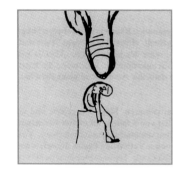

기본 패턴 11

29세 남성은 과거, 현재, 미래의 삶을 시계방향으로 움직이는 원으로 묘사했다.

🐦 자 원
삶의 첫 출발에 건강한 어린 나무의 환영이 그림 위 왼쪽(공간 상징

에서 초월에 해당) 모퉁이에서 밝게 빛나고 있다. "제 삶에서 이토록 밝게 빛났던 적이 한 번은 있었을 것입니다. 그게 느껴져요."라고 젊은 이는 말했다. "저는 이 치료과정에서 다시 그때로 돌아가 바로 거기서 부터 다시 시작하고 싶어요……." 그는 여기서 어머니가 그를 보육원에 맡긴 사실과 그 후 입양까지 동의했던 어린 시절의 짧은 시기에 대해 이야기했다.

🐦 차 단

그림 위쪽 중간쯤에 그려진 검은 빗장이 상징하는 것은 다음과 같다. '정지! 우리는 떠나지만 너는 거기 머물러 있어야 해!' 3세 때, 내담자가 부모와 영원히 떨어져 홀로 그들의 뒷모습을 무력하게 쳐다보던 정황을 보여 주고 있다. 바로 이 시기부터 내담자의 그림에서 깊은 상처를 상징하는 나무 외에도 힘든 대인관계를 상징하는 '벽'이 나타났다. 이 대인관계의 어려움이 다음 그림에서는 변형되어 나타난다. 매번 고아원 아이들과 그의 사이에 빗장이 그려져 있다. 삶의 장벽은 이 세 장면에서 항상 차단으로 나타나고 있다. 이 장면에 담긴 차단의 역동은—이미 오래전부터 내면화된—소위 대본이라 불리는 삶의 문장이 되어 일상에서 사람들과의 소통을 조종하고 삶을 운명적인 것으로 만든다. 이 대본은 '나는 사람들과 어울리지 못해'라는 의미를 담고 있다.

🐦 유사성

미술치료사들은 여기 그려진 비슷한 세 장면에서, 유사성에 대한 매우 중요한 현상을 발견할 수 있다. 유사성은 삶의 원리가 그러하듯, 신비하면서도 동시에 어떤 일관된 법칙 이상을 말해 준다.

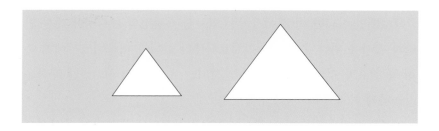

두 개의 삼각형을 예로 들어 보면, 한 삼각형이 다른 것보다 크기가 작을지라도 이 둘의 각이 같기 때문에 두 삼각형은 유사하다. 이 예는 엄격한 의미에서 수학적 유사개념일 뿐이다. 실제로 모든 삼각형은 서로 비슷하게 보이지만, 각이 서로 다른 삼각형들은, 이를테면 이 그림에서처럼 크기가 같은 두 각과 꼭짓각을 가진 이등변삼각형보다 훨씬 더 쉽게 구분해 낼 수 있다.

유사성은 가장 본질적인 것으로 모든 다양한 차이에도 불구하고 서로 비슷한 본질적인 특징, 실존적 고유성, 특성, 형태 패턴 등의 공통성을 가진다. 유사성의 의미는 원초적 전형 또는 원형을 공통으로 갖고 있는 것으로, 달리 말하자면 다음과 같다.

동일한 원형의 표현들은 어떤 식으로든 늘 비슷하다.
유사성은 일종의 표상이다.

유사성은 동일한 감각을 복사한다.

유사성은 상징적이다.

유사성은 공통적이고 설명할 수 없는 근원이나 원초적 상황을 비유한 것이다(Whitmont[45]).

색채뿐만 아니라 이 책에서처럼 역동성과 장면의 유사성에 대한 판단과 감각을 위한 수련은 심리치료사뿐만 아니라 미술치료사에게 특히 꼭 필요한 것이다. 그림에서 발견되는 유사성은 (심리)진단 해석을 가능하게 하고 더욱 명료하게 한다.

치료과정에서 미술치료사는 환자와 직접적인 소통보다는 유사성으로 소통할 수 있는 혜택을 받는다. 이러한 '미술치료의 예술적인 것'을 알리는 것이야말로 필자의 미술치료 강의에서 특히 중요한 부분이다.

삶의 파노라마 그림에서 원보다 나선형이 더 자주 나타나는 데, 이는 실제 우리의 인생이 항상 원주를 따라 돌기만 하는 것이 아니라 나선형의 굴곡으로 상승한다는 것을 보여 준다.

삶의 원은 수평적인 것에서 빠져나와 눈에 띄지 않는 수직적 임시통로라는 새로운 차원으로 상승한다. 눈앞에 보이는 것들에 온 힘을 탕진하지 않고, 아직은 보이지 않지만 예측하거나 느낌으로 알아차릴 수 있는 다음 곡선으로 삶이 이어질 수 있도록 말이다. 동일한 삶이지만 더 높은 나선의 차원에서 삶은 다시금 되풀이된다. 즉, 삶의 순환이다.

바인렙(F.Weinreb[46])은 동식물의 생태에서 나선구조가 얼마나 중요한 역할을 하는지에 대해 설명하고 있다. 해부학적으로 보면 사람의

귓속엔 달팽이관이 있다. 원이 아닌 나선형의 달팽이관을 통해 우리
는 소리를 듣는다. 만약 귓속의 달팽이관에 이상이 생기면 균형감각
을 잃게 되어 똑바로 서 있을 수 없고 쓰러지게 된다.

우주의 소용돌이 안개에서도 나선형이 우주의 기본이라는 것을 보
여 주며, 모든 세계와 은하계에 나선구조가 있다는 것은 나선형이 인
간의 삶과 세계의 원초적 전형임을 말해 주는 것이다.

기본 패턴 12

32세 여성이 그린 위의 삶의 파노라마 그림의 기본 패턴은 나선형이다.

🐦 자 원
이 그림 부분마다 사랑스럽게 채워진 색상과 다양함은 풍부한 감정의 세계를 보여 준다.

🐦 차단(확대한 부분)
이 여성은 어릴 때부터 두 자매 사이에서 자기 놀이공간에 제약을 받고 성장했음을 늘 불평했다. 이를 '샌드위치' 상징으로 표현했는데,

두 개로 조각 낸 빵 사이에 '샌드위치 내용물'로 자신을 그려 넣어 누르고 있는 것을 볼 수 있다.

🐦 '샌드위치' 운명

실제로 '샌드위치' 운명에서 종종 분명하게 관찰되는 점이 있다. 연령 차이가 많이 나지 않는 자매들 사이에서 성장한 사람들은 종종 '주눅 들고' 말이 없으며, 창백하고 부자연스럽다. 이 여성은 자매들과의 이러한 관계가 남긴 상처를 극복하는 것이 쉽지 않았다. 그녀는 종종 샌드위치 사이에 채워진 내용물처럼, 언니와 여동생에게 기운을 뺏긴 것같이 느껴졌다. 가끔 그녀 자신도 다른 사람의 기운을 빨아들일 듯 보인다.

🐦 역동 차단

우리는 여기서 다시 작은 장면(두 자매 사이에서 짓눌린)으로 나타나는 그림의 역동과 대면하게 되는데, 이 역동 자체가 곧 삶의 장애로 볼 수 있다. 그리고 또 다른 장애는 나선형의 외부 굴곡선임을 알 수 있다.

그녀는 자신의 '샌드위치' 운명을 잘 알고 있었다. 그러나 이 그림을 그릴 당시 바깥의 나선 굴곡으로 표현된 위기가 스스로 이러한 상황구조를 만들었고, 그것을 인내한 사실과 또한 그 구조는 그녀가 봉착했던 자매간의 관계 상황구조와 유사한 '패턴'임을 미처 의식하지 못했다.

이 같은 연관성을 의식화하는 작업은 스스로가 자기 삶의 주인이 되어 일종의 숱한 운명적 순간들을 알아차리고 더 이상 다른 사람에게 그 책임을 전가시키지 않으며, 스스로 자기 삶을 책임지게 만든다.

🦋 미술치료적 중재 진입

그림을 유심히 관찰하는 데 익숙해졌다면 삶의 파노라마 그림에 표현된 차단 상징을 쉽게 찾아낼 것이다. 그리고 다음과 같은 질문을 할 것이다. 미술치료에서 치유적 중재를 어떻게 시작할 것인가?

🦋 긍정적인 에너지-축

그녀의 실제 삶에서 '이 나선의 굴곡 끝부분에 표현된 것처럼 고요히 명상하면서 자기를 찾는 시간이 얼마나 자주 있는가?'

그림의 자원이 이렇게 또는 이와 유사한 형태로 나타났을 때, 미술치료는 지금-여기에서 시작하여 출생시점으로 되돌아가는 것으로 전개된다. 이 과정에서 위기에 대한 치유적 중재를 지탱해 줄 수 있는 튼튼한 축이 만들어진다.

먼저 밝고 공감하는 에너지가 치료 상황에서 느껴지고, 내담자의 얼굴표정에 어느 정도의 힘이 보일 때 아주 조심스럽게 차단 상징으

로 그려진 삶의 주제를 다루어야 한다(이 삶의 파노라마 오른쪽에 보이
는 차단은 어릴 적 성폭행을 당한 심한 트라우마에 대한 것이다.).

🐦 '실타래의 축'과 '차단'

삶의 파노라마에서 '차단의 축(유전/발달사)'은 '긍정적 자원의 축'
과 동시에 중재된다. 말하자면, 내담자가 성폭행을 당했던 그 당시의
상처를 어떻게 극복했고, 그 후 그녀의 인생에서 이와 유사한 아픔들
이 다시 재현되었는지, 그중 어떤 것이 그림에 표현되어 있는지 등을
이야기한다.

🐦 그림요소에 대한 신경어학적 프로그램[47)]

삶의 파노라마에 나타나는 유·아동기의 차단(고통 상황)은 생의 발달사나 파노라마에 나타나는 더 원초적인 자원들과 연관된다. 이러한 차단의 경험은 앞으로도 결코 안전한 것이 아니며, 내담자의 기억 속에 있던 자원(이 그림에서는 노란 빛과 함께 등장한 어린 시절)과 항상 함께 나타난다. 자원은 고통을 동시에 '짊어진다.'

🐦 저항을 유발하는 경솔함

미술치료사가 이 그림에서 파란색의 차단(강간) 상징을 직접 언급한다면 내담자는 치료실 밖으로 피할 것이며, 이러한 말은 내담자에게 불안과 저항심을 불러일으킬 것이다. 그리고 경우에 따라서는 앞으로 진행될 치료과정에도 피해를 줄 것이다.

🐦 모든 나선 움직임을 차단하는 빗장

다음 사례에서 인상적인 것은 36세의 여성이 삶의 파노라마에 고착된 대본 상징의 대안을 스스로 찾은 사실이다.

🐦 대본 '극복'

이 여성은 그림을 그리고 오려 내는 다양한 시도를 했다. 결국 그녀는 만족할 만한 대안을 발견하고 밝은 표정을 지었다. 이 대안은 그녀가 태어났을 때부터 지배했던 여성성(정체성) 문제를 감소시켰다. 모든 나선 움직임을 차단하던 빗장 대신 '지금−여기'의 삶을 채색하여 다시 움직이게 했으며, 나선형은 다음 그림처럼 이제 다시 활기를 찾았다.

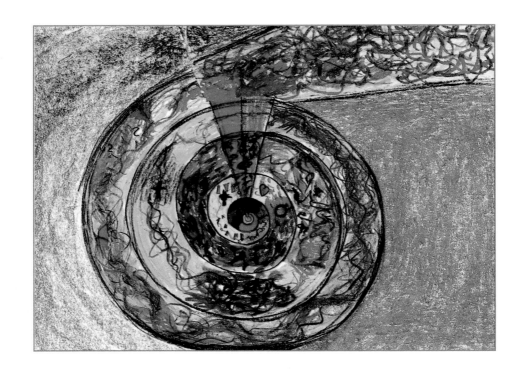

🐥 새로운 길을 제시하는 새 그림

이 여성은 먼저 그림에 있던 거절 상징의 원 대본을 미래의 결정적인 도약으로 설명했다. 그 후 생애 처음으로 남자친구와 행복한 관계를 맺을 수 있었고 이로 인해 그녀의 삶은 완전히 변했다.

🐥 전체 삶을 대변하는 한 장면

다음의 삶의 파노라마는 52세 여성이 그렸다. 미술치료에서 그녀는 처음 화지를 받고 한참 생각에 잠겨 있다가 급기야는 치료실을 나가기도 했다. 자신의 삶을 살아 본 적이 없었기 때문에 자기 인생에 대

해 그릴 수 없었던 그 사실을 아는 것이 더 충격적이었다고 나중에 설명했다.

이 삶의 파노라마는 정신역동의 붕괴를 보여 준다. 가파른 산은 어릴 적부터 그녀가 가졌던 높은 수준의 목표를 상징하고 있다. 그녀는 9세 때부터 아역 배우로 무대에 섰는데, 반드시 성공하기를 강요하는 아버지—태양—의 욕심에 부담을 느꼈다. 그녀는 아버지의 꼭두각시 인형처럼 무대에 섰고 학교에서도 모범생이었다. 하지만 그림에 표현된 어린 나무기둥과 같이 목덜미와 (자아) 허리를 다치게 되었다.

🕊 차단 역동의 유사성

삶의 파노라마에서 특히 한 장면 속에서만 이 그림과 같은 전형적인 상황이 나타나면 곧 대본 중재의 필요성을 암시한다. 즉, 이 인물은 처음에는 지나치게 높이 설정된 목표들을 향해 출발하지만 시간이 흐를수록 점차 절망(자신감)하게 되는 상황과 유사한 심리역동과 패턴을 재현하고 있음을 볼 수 있다.

🕊 자 원

영리한 이 여성의 파노라마 그림에서 자원이 되는 것은 자신의 감정과 생각을 보다 근원적인 것에 함축시킬 수 있는 그녀의 추상적 능력이다.

🕊 치료적 중재

미술치료에서 이와 같이 힘든 상황이 나타났을 때 가장 중요한 것은 먼저 치료사가 내담자를 공감하고 그것을 반영해 주는 것이다. 즉, 내담자가 그림을 통해 함축적으로 표현한 삶의 고통을 치료사가 마음으로 이해하고 공감한다는 것을 보여 주어야 한다.

3. 인생 곡선

짧은 시간에 그려진 인생 곡선은 보통 그린 사람의 에너지와 감정 기복이 담긴 삶의 경과를 펼쳐 보인다.

내담자는 자기 삶이 어떻게 진행되어 왔는지에 대해 우선 한 가지 색을 선택하여 단숨에 선으로 그려 보라는 지시를 받는다.

🐦 차단을 상징하는 선/정체된 삶의 에너지

미술치료에 처음 참여하여 서로 모르는 사람들로 구성된 집단치료에서 자신의 삶을 잠시 명상하는 워밍업을 한 다음, 인생 곡선을 그렸다. 놀랍게도 집단 참여자 모두가 삶의 장애물, 즉 정체상태나 난관과 위기에 대해 유사한 상징물, 이를테면 작은 동그라미, 소용돌이, 구, 톱니 모양, 색 얼룩, 미로 그리고 '압박 지점'을 그렸다. '정체 지점'에서는 대부분 직장, 개인적인 것, 정신적 갈등이 신체적 고통과 관련되어 있는 것으로 나타났다.

이 집단의 그림들 중 몇 가지 인생 곡선의 예를 소개하면 다음과 같다.

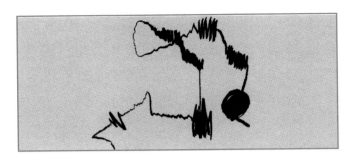

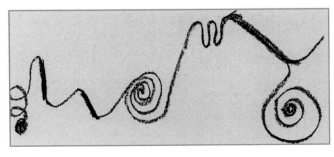

4. '막다른 골목'

막다른 골목의 개념이나 의미는 도로의 교통표지판을 통해 많이 알려져 있다. 예를 들면, 도로에 막다른 길을 안내하는 교통표지판이 있을 때, 이 메시지는 단어 없이 상징적 기호로 즉각 우리 마음의 심리 역동에 호소한다.

이 메시지가 경고하는 바는 다음과 같다. "이 길을 들어올 수는 있지만 더 이상 길은 없습니다. 여기서 정차하든지 유턴해야 합니다." "길을 잘못 들었습니다. 계속 가시려면 돌아서 다른 길로 가야 합니다."

다른 길? 지금까지 살아온 길을 수정할 수 있는 길?

일상 대화에서, 인생에서 실수를 했거나 이미 교착된 상황은 막다른 길의 이미지로 비유된다. 이와 같은 소위 '막다른 골목'은 외적 삶에서 일어날 수 있는 재정 상태뿐만 아니라 인간 내면의 심리적 상태도 해당된다.

우선, 여기서 우리가 주목하는 '막다른 골목'은 자기 능력의 한계에 도달한 사람이 처한 곤경상태다. 그렇다면 앞이 꽉 막힌 듯한 이러한 절망감이 어떻게 즉흥적으로 그린 자유화에 그대로 드러나는가?

이어서 우리들의 관심을 끄는 것은 '앞이 꽉 막힌 듯한' 절망감이 치료적으로, 특히 미술치료 과정에서 어떻게 변화되는지, 그리고 앞으로 나아갈 수 있다는 변화된 감정이 어떻게 미술치료에 나타나는지에 대한 것들이다.

전망이 보이지 않는 이미 교착된 삶의 상황들은 그림에서 종종 차단되거나 부서진 낡은 길로 나타나며, 이는 위기를 상징한다.

🐦 정체된 삶

우리 앞에 놓인 삶을 내다볼 수 없기 때문에 삶의 한 시기에서 다음 단계로 넘어가는 중간과정에는 늘 불안이 깔려 있기 마련이다. 이 중간과정의 문턱을 넘지 못하는 사람들은 발달과정에서 그 단계에 멈추게 된다. 차단되었기 때문에 그 단계의 삶의 영역을 체험할 수도 없고 자세히 알 수도 없다. 사람들은 교착상태에 빠지게 되고 증상이 나타나며, 병이 생긴다.

누구나 삶의 과정에서 가끔 이러한 막다른 길에 맞닥뜨리게 된다. 특히 궁지에 몰려 급히 병원치료나 심리상담을 의뢰하는 사람들은 항상 동일한 문제에 부딪히는 경직된 사고, 감정, 행동, 소통의 패턴들로 인해 이미 막다른 길에서 심각하게 정체되어 있다. 마치 널빤지를 대고 못질하여 세상을 막아 버린 것같이 앞길이 가로막혀 있다.

🐦 정체된 치료과정

환자뿐만 아니라 치료사도 가끔 막다른 길에 봉착하곤 한다. 치료과정이 편파적으로 진행된다고 느껴지면 치료사는 이미 자신의 치료방법이나 치료계획, 그리고 습관화된 사고에 정체되어 있는 것이다. 치료사가 자신의 치료적 개입, 대안, 해석, 해결책들 틈에서 계속 다람쥐 쳇바퀴 돌 듯하면, 치료에 전혀 도움이 되지 않는 유치한 말장난이나 계속 되풀이되는 상용문구, 피상적인 단어들을 더 이상 구별하여 들을 수 없게 된다.

쉽게 말해, 이런 상황은 치료과정에서 내면적 인간관계 역동과 방법상의 역동들이 정체된 것이다.

5. 대 본

    대본의 함축적 개념은 전문성을 갖춘 거창한 주장이나 가설을 거부하고 객관적이며 간단명료한 개념을 선호하는 정신분석가 베르네(E. Berne)[48]의 주장에 근거한다.

    베르네 이론의 핵심은 인간은 유아기 때부터 이미 삶의 패턴을 가지게 된다는 것이다. 또한 인간은 확고히 이 패턴대로 삶을 살아간다. 유아기에 고착된 대본들은 감정, 사고, 반응, 태도 그리고 상호작용들과 연관되며, 항상 똑같이 반복되기 때문에 종종 삶의 장애물이 된다.

    삶의 대본 분석은 사람들이 삶의 패턴 또는 삶의 계획에 대한 대본을 언제—대부분 유아기에서—무의식 속에 받아들이기로 결정했는지를 확인하는 작업이다. 이러한 대본을 수용하는 결정은 종종 살아남기 위해 필요한 최소한의 사랑(스킨십)을 보장받고자 하는 적응상태다.

    근원을 알게 되면 정서적인 연관성에 접근해야 한다.

    대본이론은 정신적 병에 대한 이론이 아니라 결정이론에 가깝다고 할 수 있다. 대본과 삶의 계획은 병리학적 세포조직의 변화가 아니라 인간의 의식적 혹은 무의식적 정체감과 결정에서 비롯되기 때문에 그것들을 치료과정에서 다시 재현시키고 변화시킬 수 있는 것이다. 미술치료사의 '동반 보호' 아래 지금껏 금기시되었던 내면세계와 외부세계를 넘나들 수 있다. 예를 들면, 미술적 차원과 관계 맺기, 그림 작업, 치유적 그림이야기로의 몰입 등을 통해 삶의 전망을 확장시킬 수 있다.

6. 강박적 반복행위

삶에서 항상 반복되는 '위기' 대본이론을 이해하기 위해서는 프로이트[49]의 강박적 반복행위 개념을 알아야 한다.

강박적 반복행위는 무의식에 근거하며, 강박사고에 사로잡혀 끊임없이 똑같은 불쾌한 상황을 자초하는 행위다. 무의식 속에 억압되어 본인도 잊어버린 구체적인 사건, 즉 과거의 경험이 같은 방식으로 계속 반복되는데, 반대로 반복행동에서 오는 현장감의 생생한 인상은 강박행동의 욕구를 결과적으로 더 증가시키게 된다.

이러한 반복 현상은 정신분석에서 이미 오래전부터 논의되어 왔다. 특히 강박 습관의 증상에서 이 같은 반복 현상은 아주 명확히 드러난다. 프로이트는 '기억 상징'에 대해 무의식 속에 억압된 내용들이 일반적으로 꿈, 증상, 반응으로뿐만 아니라 그림을 통해 현재에 재현된다고 했다.

"이해하지 못한 상태에서 축적된 것은 다시 나타나기 마련이다. 구원받지 못한 영혼처럼 해답과 구원을 얻게 될 때까지 멈출 수가 없다."

불쾌하고 고통스럽기까지 한 강박적 반복행위는 정신분석에서 확실히 입증된 현상이다. 하지만 각 이론들의 설명에는 차이가 있다. 이처럼 '비합리적' 반복행동은 과도한 긴장을 이겨 내기 위한 자아의 시도로서 항상 똑같거나 거의 똑같은 삶의 상황들을 의미한다.

다른 한편으로, 강박행동은 외상 이전의 상황으로 다시 복구시키기 위한 무의식적 행동으로 보는데, 즉 인간은 매번 이번만큼은 고통스러웠던 첫 외상의 상황보다 더 나아질 것이라고 기대한다는 것이다.

🦋 대본 공식의 의식화 작업

개인의 삶을 발전시키는 대본 문장이나 대본 공식에 대한 의식화 작업은 정신분석이나 심리치료의 중요한 과제다.

대본, 역할, 공식, 도장 등은 아주 다양하며, 종종 비극적인 삶으로 유인한다.

가끔 자신의 삶에 고착된 대본 역할을 여태껏 떨쳐 버릴 수 없었다는 사실을 이해하기 힘들 때도 있다. 그러한 역할에는 대리 역할, 노예, 무조건 특별한 것, 야비한 인간, 반항적인 사람, 비극의 주인공, 재수 없는 인간, 마녀, 우등생, 중개자, 왕자, 언제나 일등, 여자들의 찬사를 즐기는 남자, 잘난 척 뽐내는 사람, 영웅, 순교자, 대리남편, 황금천사가 있다.

치료사들은 치료과정에서 환자들이 자기 마음에 깊이 새겨진 파괴적인 문장들에 매달리는 것을 자주 목격할 수 있다. 그러한 문장은 다음과 같다.

편하면 안 돼.

무대 없이는 살 수 없어.

다른 사람들의 문제를 책임져야 해.

행복이란 나를 제외한 다른 사람들을 위한 것이야.

항상 핵심은 다른 사람이 쥐고 있어.

아무것도 신뢰할 수 없어.

성행위는 부끄러운 짓이야.

언제나 탈출구가 필요해.

행복하거나 편안하다고 느껴지는 바로 그 순간 곧바로 실망스러운 일이 나타나곤 해.

사람은 일을 해야 해. 할 일 없이 재산으로 사는 사람들은 무익한 사람들이야.

나서지 않으면 아무도 나를 알아주지 않아.

나는 바보같이 태어나 아무것도 배운 것이 없어.

그 일원이 되지 못하면 인정받을 수 없어.

남자들은 속물이야.

남자들은 여자를 이용할 뿐이야.

항상 다른 사람이 잘못이야.

내가 옳아.

내 존재를 알리기 위해 나를 끊임없이 증명해야 해.

나는 살 가치가 없는 사람이야.

행복 뒤에는 항상 불행이 따라와.

여자들은 교환할 수 있는 대상이야.

나의 잘못이야.

나 같은 사람은 어차피 실수하게 마련이야.

언제나 뭔가 부족해.

우리 집안의 남자들은 일찍 죽어.

7. 막다른 골목의 출구

막다른 골목을 나타내는 다음의 교통표지판은 한 가지 가능성을 제안하고 있다. '자전거 허용!'

이것을 우리가 다루는 주제에 적용하자면, 만약 차 대신 자전거를 이용하면 계속 갈 수 있다는 말이다. 인생이나 미술치료 과정에서 정체된 것처럼 보이는 절망적인 막다른 골목을 통과할 수 있도록 해 주는 매체는 내담자가 치료상황에서 자발적으로 그린 그림

이다. 그림은 보는 관점과 시야를 변화시키면서 또 다른 깨달음의 통로를 열어준다. 치료사와 환자는 그림이라는 '차를 갈아탄다.'

미술치료는 내담자가 처한 상황에 새로운 통로를 열어 준다.

① 차단되었던 삶의 에너지가 조형활동 과정에서 다시 유동성을 찾는다.

② 환자는 자기 문제를 스스로 발견하고, 동시에 직접 눈으로 파악하고 보고 만지면서 통합시켜 나간다.

③ 언어를 많이 사용하지 않고도 그림 수준에서 자기 문제를 해결할 수 있다.

④ 해결책들에 대한 시각화 작업은 우리 영혼이 막다른 골목에서 빠져나올 수 있는 뜻밖의 출구를 열어 준다.

🐦 폐쇄되고 차단된 인생행로

여기서부터 필자는 패쇄되고 차단된 인생행로가 비교적 쉽게 발견되는 환자들의 그림을 설명하면서 출발할 것이다. 예를 들어, 다음의 겹쳐 그린 두 장의 그림을 보면 왼쪽 그림의 오른쪽 화면 가장자리에 에너지가 단단한 덩어리로 뭉쳐지는것을 분명하게 볼 수 있다.

필자가 새 종이를 제공하자, 환자는 그때서야 비로소 다른 생각과 느낌으로 계속 그림을 그려 나갔고, 새로운 전망도 나타났다(오른쪽 그림).

🐦 '막다른 골목' 마다 존재하는 대본

그림에 나타나는 '막다른 골목' 마다 삶을 방해하는 대본이 존재하는데, 만약 그림에 '막다른 골목' 이 나타나면, 우리는 고착되고 경직되었으며 각색된 정신적 패턴의 대본 현상을 지속적으로 다루어야 한다.

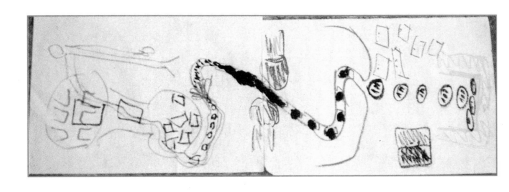

나는 정상이 아니야

출생 초기부터 인생행로의 첫 출발이 차단되었을 수 있다. 36세의 여성이 그린 출생 그림(228쪽 위 왼쪽 그림)에서―삶의 파노라마 그림에서 확대한 일부분―삶의 길에 두 개의 석고 다리를 세워 놓은 것을 볼 수 있다. 그녀는 아기 때 기형이었던 발가락을 성형했는데, 어린 시절부터 외상 수술의 고통을 체험했다. 또래 친구들과 같이 놀 때도 발에 생긴 흉터와 엄지발가락의 기이한 모양 때문에 부끄러워했다.

정신역동에서 삶의 파노라마에 그려진 이 출생 부분을 해석하자면, 출생 시 엄마의 골반에 걸쳐진 빨간색 태아는 삶을 향해 돌진하는 성장에너지다. 그리고 석고 다리는 생리적이고 심리적인 삶의 장애를 상징한다.

🐦 콤플렉스

228쪽 위 오른쪽 그림에서 그녀는 어린 시절 유일하게 신뢰하던 언니와 함께 주변과 차단된 네모 공간 속에 격리되어 있다. 비현실적으로 크게 그려진 빨간 발은 외상 에너지로 채워진 신체 부위에 주목시킨다(삶의 파노라마에서 확대한 일부분).

🐦 통합

이 여성은 집에서 종종 그림을 그려서 치료시간에 가져왔다. 그녀는 점점 더 자주, 심지어는 거울 앞에서 발과 흉터 부위를 자세히 들여다보고 그만큼 더 섬세하게 그려 나갔다.

흉터가 있는 엄지발가락뿐만 아니라 발의 건강한 부분도 포함하여

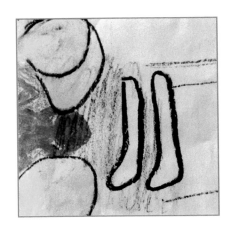

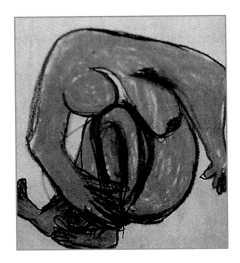

전체 발 부위를 그리다가 결국은 발 전체를 신체의 일부로 그렸는데, 이로 인해 특정 신체 부위에 집중되었던 강박적인 에너지가 분산되면서 양쪽 발이 신체상과 자화상에 통합되었다(228쪽 아래 그림).

나는 늘 잘못된 결정을 내린다

40세 여성이 그린 다음 그림(230쪽 그림)에서도 '출생과정'이 정체되어 있다. 이 사례는 '탄생' 되지 못한 결정을 다룬다.

이 여성은 현재 정규직을 그만두고 매혹적으로 보이는 프리랜서 일자리의 제안을 받아들여야 할지 거절해야 할지를 결정해야 하는 상황에 처해 있다. 현재의 직장이 편안함, 보호, 동료 간의 신뢰, 안정과 인간적인 교류 등을 보장받고 있어서 더욱 고민스러웠다. 그러나 다른 한편으로 그녀가 이 프리랜서 일자리를 거절한다면 퇴직할 때까지 언제나 변함없는 한 직장에서 자기 인생이 시들게 될 것은 분명한 사실이다. "사실 나는 내 삶에 자신이 없어요."라고 이 여성은 말했다. "직장은 내가 일생 동안 떠나지 못한 어머니를 대신하고 있습니다."

🐦 미숙한 결정

이 여성은 집에서 그린 그림을 가져왔다. "정말 그리고 싶었던 것은 내가 꿈에서 보았던 자두였어요."라고 말했다.

이 그림은 자두의 중심에서 세상 밖으로 나올 수 없는 '미숙한 결정'을 상징적으로 보여 준다. 과일의 외형은 일종의 탄생 통로를 암시하는 출구가 있는 자궁과 유사하다. 하지만 정작 탄생되어야만 하는 이 결정은 마치 '태아 같은' 물질로 분화되지 않은 채 굴속에 갇혀 있다.

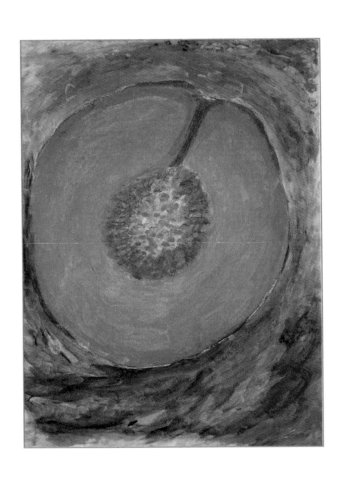

필자는 내담자에게 이 그림을 통해 구체적인 지위와 영구적으로 계약한 현 직장에 남는 것이 실패를 의미하는 것이 아니라, 다시 선택할 수 있는 기회라는 것을 알게 해 주었다. 다시 말해, 그녀는 자신의 자율성을 입증하기 위해 경쟁을 마다하지 않고 어떤 대가를 치르더라도 자기 한계를 넘는 것보다는, 사회의 불경기에 맞춰 자신의 직분을 다할 수 있는 자리에 있는 것이 더 현명한 결정이라는 것을 받아들였다.

나는 그녀 삶의 전부이기 때문에
그녀가 내게 집착하는 것을 허용해야 한다

37세의 남성이 자기 인생을 그렸다(232쪽 그림). "이 그림이 나의 출생과 인생을 상징적으로 표현한다고 할 수 있습니다. 내가 생각을 할 수 있을 때부터 나는 마치 감옥에 갇힌 죄수처럼 살고 있어요. 여기 오른쪽에 생명의 물을 그렸는데, 그 물에 도저히 다가갈 수가 없습니다."

이 그림은 부모 집과 밧줄로 엮인 애착관계를 상징한다. 이 젊은이는 그림을 그릴 당시까지 한 번도 여자친구와 깊은 관계를 맺은 적이 없었다.

🐦 치료적 그림이야기

치료사: 생명의 물이 담긴 호숫가에 조약돌들이 놓여 있습니다. 조약돌은 지금까지 한 번도 본 적이 없는 빛나는 빨간 물체를 발견하고는 호기심에 차 옆의 조약돌에게 묻습니다. "얘, 저기 호수 가까이에 갑자기 빨간 것이 보이는데, 그게 무엇인지 아니?" 그러자 두 번째 조약돌이 대답합니다.

내담자: "응, 저기 열린 창문에서 밖으로 내던진 그물이 있는데, 그 안에 빨간 것이 들어 있어."

치료사: 조약돌 1이 말하기를, "아, 그래? 그물이 창밖으로 내던져졌다고? 그래, 그럼 당장 그물에게 물어봐야지. 얘, 그물아, 너 밖으로 던져졌을 때 어떤 기분이었는지 말해 줄 수 있어?" 그물이 대답합니다.

내담자: "집 안에서 두 사람이 나를 밖으로 내동댕이치긴 했지만,

저 빛나는 빨간 것이 굴러가지 못하게 나를 꼭 붙잡고 있어."

치료사: "두 사람이 집 안에 서서 그물인 너를 꽉 잡고 있다고?"

내담자: "그래, 저 사람들은 빨간 것에게 무슨 일이 생기지 않게 항상 나를 붙잡고 있는 것 외엔 할 일이 없어. 만약 저 빨간 것이 밖으로 튀어 나가 버린다면 두 사람은 더 이상 할 일이 없어질 테니까. 그들은 그게 불안한 거야."

치료사: "그물아, 그럼 너를 잡고 있는 빨간 것은 도대체 뭐지?"

내담자: "마르틴이야."

치료사: 조약돌이 그물 속의 빨간 물체에게 말합니다. "너 이름이 마르틴이야?" 빨간 물체가 대답합니다.

내담자: "그래, 난 사실 물건이 아니야. 나는 사람이야. 아니, 영혼이야. 그리고 내 피는 삶에 대한 동경으로 용광로처럼 끓고 있어."

치료사: "용광로처럼 끓고 있다고?"

내담자: "그래, 그래서 내 몸이 빨갛게 달아올라 있지. 방금 생각났는데, 나는 폭발할 수도 있어. 그러면 그물도 갈갈이 찢겨지겠지."

치료사: "그물이 갈갈이 찢겨진다고? 하지만 집 안에 있는 두 사람은 어떻게 되는 거지? 너를 붙잡지 못하면 두 사람은 더 이상 할 일이 없어지잖아······." (내담자의 저항을 신중히 생각하여 언급한다.)

내담자: "그래, 바로 그것 때문에 나는 일생 동안 배려만 했어. 내가 그들 삶의 전부라는 사실을 잘 알고 있었거든. 두 사람이 꼭 무엇을 붙잡고 싶다면 둘이서 서로 꽉 잡고 있으면 되잖아.

아, 그들이 무엇을 붙잡고 있든 내가 상관할 바가 아니
야⋯⋯. 저 물에서 수영이나 하고 싶어."(그림에 그려진 호수
를 가리킨다.)

치료사: "그물을 잡고 있는 두 사람이 네게 아무 상관도 없는 사람
들이라고? 그럼 두 사람은 도대체 누구야? 그들을 뭐라 부
르지?"

내담자: "그 두 사람은 바로 나를 꽉 잡고 있는 내 부모야."

치료사: "마르틴, 이제 이 이야기에서 퇴장하기로 해요."
지금 방금 당신이 손으로 한 행동을 좀 더 해 보일 수 있어
요?(신체표현을 의식화함—불끈 쥔 주먹)

내담자: 왜요? 아, 이 주먹? 이 주먹 말이죠?

치료사: 그래요, 불끈 쥔 그 주먹, 그 힘 말입니다.

내담자: 아, 예. 어쩌면 제일 먼저 저의 이 분노부터 없애야겠죠⋯⋯.
예, 모든 것을 떨쳐 버리고 ⋯⋯. 그냥 수영이나 했으면 ⋯⋯.

🕊 모 순

개인의 의지와는 반대로 누구에게 붙들려 묶여 있는 상태, 그와 동
시에 자기 자신도 스스로를 붙잡고 있는 이 외형적인 모순은 미술치
료에서 상징과 이미지를 통해 그리고 신체표현의 다양한 측면을 서로
연관시킴으로써 내담자가 직접 체험하고 해결할 수 있다.

🕊 생명의 물

필자는 아무 설명 없이 돌연 화제를 옮겨 그림이야기를 진행했다.
호숫가의 조약돌과 그물, 마르틴이라고 불리는 빨간 물체와 나누었던

대화를 모두 듣고 있던 생명의 물이 불현듯 말했다.

> 내담자: 생명의 물이 말합니다. "나는 따뜻해. 넌 정말 깊숙이 잠수
> 할 수 있어. 나는 아주 위험할 정도로 깊어, 깊은 연못⋯⋯."
> 치료사: "아주 위험하고 깊은 연못?" 조약돌이 마르틴에게 묻습니
> 다. 뭐라고 대답할까요?
> 내담자: 마르틴이 대답합니다. "만약 내가 그 속으로 뛰어들면 연못
> 의 물이 넘쳐 나서 강이 생길 거야⋯⋯. 그래, 강⋯⋯ 저기
> 오른쪽에 강을 만들고, 나는 강물을 따라 자유의 세계로 흐
> 를 거야."

필자가 내담자에게 그림 출판에 대한 동의를 구하자, 그는 또 하나
의 새로운 그림을 가져왔다. 그리고 이 두 번째 그림은 첫 번째 그림
을 그린 후 곧바로 집에서 그렸기 때문에 두 개가 한 그림이나 마찬가
지라고 말했다(236쪽 그림).

🐦 그물에서 탈출하다

이 그림에서 실제 '심리적' 탄생이 이루어졌다. 세상에 갓 나올 때
는 단지 빨간 주사위였던 것이 로봇 모양으로 되었다가 마침내 얼굴
과 아직 일어설 수는 없지만 기어 다닐 수 있는 네 다리를 가진 빛나
는 빨간 생명체로 변모해 갔다.

🐦 산 파

이 남성은 어디서 이런 그림을 그릴 수 있는 힘을 얻었을까?

그림이야기의 방법으로 이러한 탄생과정을 유도하는 미술치료사는 '산파'와 같다고 할 수 있다. 이 그림에서 튼튼한 기둥의 나무는 어쩌면 그것을 상징할 수도 있다.

🐦 보조 자아와 고대 신들

흔히 심리치료에서 말하는 보조 자아는 환자를 지지하는 치료사의 역할을 말하는데, 그림에서도 상징적으로 나타난다. 예를 들면, 이 그림의 보조 자아는 나무다. 고대에는 보조 자아가 구원의 신이었다.

고대 이집트 사람들은 탄생을 돕는 여러 신과 여신을 섬겼으며, 그 중 한 명의 신은 잉태한 배와 축 늘어진 가슴을 한 하마 형상을 하고 있다.

투에리스(Thoëris, 풍작과 순산의 신—역자 주)는 키 높이 정도의 구멍 하나 달랑 뚫려 있는 장 속에 선 채로 감금되었다. 이 구멍은 여신을 향하고 있었으며, 투에리스가 이 구멍을 통해 제물을 받고 여자들의 청원을 들어주는 것이 허용되었다.

긍정적인 자원들, 그림요소와 소통, 치료적 그림이야기들과 보조자아로 작업하는 미술치료는 어떻게 보면 고대의 다양하고 독창적인 지혜의 신들이 베푼 구원의 의미를 다시 되살리는 것과 같다.

아빠 없이는 앞으로 나갈 수 없어

다음 그림(239쪽 위 그림)에서 7세 소녀 에디타가 그의 부모들이 헤어진다는 사실을 알기 6주 전에 이미 '막다른 골목'의 위기감을 감지했다는 것을 알 수 있다. 이 어린 소녀는 집안의 이러한 긴장감을 이미 민감하게 느끼고 있었다. 왕래와 소통이 막혀 있다. 빨간 불. 정지한 채 기다려야 한다. 미래 방향을 상징하는 화지 오른쪽의 도로가 명확하게 그은 선으로 막혀 있다. 이 7세 소녀는 남편과 헤어진 후 어떻게 살아야 할지 모르는 엄마의 불안감을 무의식적으로 전승받고 있다.

🐦 병원-병든 가정

에디타는 계속해서 다음 그림을 그렸다(239쪽 아래 그림). 이 아이는 궁전을 그리고 싶어 했다. 양쪽 부모를 상징하는 듯한 두 개의 기둥을 먼저 그리고, 그다음 두 기둥의 중간에 병원 상징을 그렸다. 이 그림에서 에디타는 자기 방식으로 이렇게 말하고 있다. "우리 집은 병이 났어요. 엄마와 아빠 사이는 병들었고 나는 기분이 좋지 않아요."

🐦 가족들이 얼마나 아프니?

필자는 에디타에게 병원과 그 내부를 그리고 싶은지 물었다. 병원 내부를 그린 그림에선 병원에 입원하고 있는 모든 '환자'가 주사, 푹 쉴 수 있는 침대, 베개, 진료, 관장 등으로 잘 간호받고 있다는 사실을 알게 되었다. 그들은 보호를 받았다. 에디타가 그림을 그리면서 들려준 병원의 분위기는 배려와 희망으로 가득했다. 에디타는 이 상황에 괴로워했지만 좌절한 것처럼 보이지는 않았다.

그리고 에디타는 곧바로 자발적으로 다시 그림을 그렸다(241쪽 그림). 이 두 막다른 골목 그림을 서로 비교해 보자.

① 첫번째 그림의 오른쪽, 미래를 향한 출구가 잔인하게 막혀 있다. 남근을 상징하는 신호등의 기둥이 빨간 자동차 한가운데 파괴적으로 우뚝 솟아 있다. 실제 소녀의 아빠는 그냥 떠나 버렸다. 그는 뭔가를 파괴해 버렸는데, 그 대상이 어쩌면 소녀의 어머니, 아니면 이 어린 소녀일 수도 있다.

② 두 번째 그림에서는 신호등 왼쪽 편으로 친밀한 추억의 상징들과 두 개의 하트 모양이 보인다. 오른쪽 위에 막다른 골목을 막고 있는 것은 더욱 가느다랗고 흐릿하게 그려져 있다. 화살표 하나가 새로 나타난 집 쪽을 가리키고 있는데, 아직 체험하지 못한 공간이기에 이 집은 텅 비어 있다.

🦋 진단적 암시

그림에 막다른 골목 또는 그와 유사한 상징에 담겨진 의미와 내용은 내담자가 힘겨운 고통을 극복하고 사면초가의 상황에서 벗어나려는 행위의 더 나은 전망 혹은 덜 좋은 전망에 대한 중요한 것을 말하고 있다.

위기 상황에 처한 내담자의 무의식 속에 잠재해 있는 약점과 허점은 그림을 통해 알아차릴 수 있다. 그러나 바로 거기에서 새로운 전망의 가능성도 가늠할 수 있게 된다. 모든 약점과 허점에도 불구하고 더 앞으로 나아갈 수 있으리라는 전망이 드러난다.

🐦 그림 수용

미술치료사가 내담자의 표현과 정황이 담긴 그림을 수용하거나, 경우에 따라 한 부위를 집중하여 관찰한다면 이러한 세부사항들을 알아차릴 수 있다. 미술치료에서 치료사가 그림의 세부를 확대한 부분을 사진 찍는 것은 조직학자들이 현미경을 사용하는 것과 같다.

전진은 싫고 후퇴는 허용되지 않는다

🐦 소시지-길

7세 소년이 그린 다음 그림에는 집 앞에 양 끝이 막힌 소시지 모양의 길이 그려져 있다. 전진도 후퇴도 할 수 없게 양쪽 끝이 단절되어 있다.

🐦 정체된 나무 기둥

이 소년은 초등학교 입학을 앞두고 있었다. 얼마 전부터 말을 더듬기 시작하더니, 소년은 새로운 것에 대해 불안해했다. 불안 체증은 나무 기둥을 검은색으로 칠한 것에서 알 수 있는데, 수관 위로 기운이 올라가지 못하게 차단되어 나무의 성장을 저해시키고 있다.

🐦 거세불안

소년은 그림의 왼쪽에 나무를 자르고 있는 한 인물을 그렸다. 이 어린 소년은 형과 누나들처럼 학교도 자신의 일상과 권리를 단절시키고 거세할지 모른다는 불안감을 안고 있다.

🐦 치료적 대화

치료사: 여기 큰 집 안에 또 하나의 작은 집이 있구나. 이 작은 집은 뭐지?

소　년: 그건 여동생의 인형 집이에요.

치료사: 응, 인형 집이라고. 그러면 누가 이 집 옆 계단으로 올라갈까?

소　년: 모든 사람들이 그 계단으로 올라가요.

치료사: 너는 집 옆에 있는 계단에 대해 어떻게 생각하니?

소　년: 이 계단은 아주 가팔라요. 사람들이 아래로 굴러 떨어질 거예요.

치료사: 사람들이 아래로 구른다. 그러면 저쪽 길은 어때?

소　년: (머뭇거리면서) 앞이 막혔어요.

치료사: 앞이 막혔다? 무슨 말이지?

소　년: 음, 길에서 꼼짝할 수 없다는 말이죠. 그렇기 때문에 사람들은 이 안쪽에 들어와 있어야 해요.

치료사: 사람들이 안쪽에 있어야 한다고?

소　년: 집 안에 있는 게 가장 좋아요. 집에서 밖을 내다볼 수 있으니까요.

치료사: 아, 그래, 밖을 내다볼 수도 있지. 그래 맞아, 이 집은 밖을 내다볼 수 있는 창문들이 정말 많이 있구나. 거기 누가 내다보고 있지 않니?

소　년: 그럼요, 바로 나예요.

치료사: 아 그래, 너였구나. 큰 집 안에서 창밖을 내다보고 있으니까, 네가 굉장히 커 보이지 않니? 이 얼굴 좀 봐 …….

소　년: (급하게)그럼요, 당연하죠. 이제 곧 학교에 입학하거든요.

치료사: 네가 커서 학교에 갈 수 있다는 건 정말 멋진 일이야. 근데 이 얼굴처럼 다리와 신발, 몸도 큰지 한번 보고 싶구나. 창밖을 내다보고 있는 이 소년의 팔과 다리, 신체를 그려 보지 않을래?

신체그림, 즉 자아상이 투명지에 완성되었다. 이러한 방법으로 소년이 집 밖으로 한 걸음 나와 일종의 독립성을 확립할 수 있도록 자극을 주었는데, 소년이 다음에 그리게 될 큰 인물 뒤에는 큼지막한 부모 집과 작은 인형 집이 자연스레 들어서게 될 것이다.

불안하기 때문에 직선보다는 꼬불꼬불한 선이 더 나아

이 소년은 치료시간 외에도 집에서 종이에 꼬불꼬불한 선들로 구성된 복잡한 도로와 좁은 골목들을 시험삼아 연필로 그렸다. 미래의 학교로 통하는 열려진 도로의 출구가 그림 오른쪽에선 볼 수 없다. 하지만 그림 오른쪽 아래에 꼬불꼬불한 도로 바깥쪽으로 (대본의 건너편에) 그런대로 단단해 보이는 한 사람이 미래 쪽을 주시하고 있다.

🐦 그림요소들의 대화

치료사: 꼬불꼬불한 저 길 바깥에 사람이 서 있구나. 그 사람에게 몇 살인지 묻는다면 뭐라고 대답할까?

소　년: 9월에 일곱 살이 될 거라고 말할 거예요.

치료사: 지금 뭘 쳐다보고 있는지 그 애한테 다시 물어볼까?

소　년: 거기에는 아마 누나의 선생님이 서 있을 거예요.

치료사: 누나의 선생님이 거기 있다고?

소　년: 네, 선생님은 늘 야단치면서 선으로 뭔가를 지워 버려요.

치료사: 아, 그래, 늘 야단만 친다고. 선생님이 아주 엄하신 분이구나. 만약 네가 이 그림의 아이라면 그 선생님을 보고 무슨 말을 할 수 있을 텐데, 뭐라고 하겠니?

소　년: 누나 선생님께요?

치료사: 그래, 그리도 엄하시다는 누나 선생님께 말이야.

소　년: 음, 무슨 말을 할까⋯⋯. 음, 무슨 말⋯⋯, 선생님 키가 아주 크다고 말할 거예요.

치료사: (보관해 두었던 그림 중 지난 시간에 가위로 오려 낸 큰 인물을 가져왔다.) 지난 시간에 네가 그렸던 너만큼이나 선생님도 크시니?

소　년: 아뇨, 그만큼 크시진 않아요. 더 작아요⋯⋯. (웃는다.)

🐦 역동적 자아 상징

치료 후기에 접어들어서도 소년은 매우 큰 자동차를 그리곤 했는데, 이는 학교 입학에 대한 역동적 자아의 상징으로 볼 수 있다. 이 자동차는 아직 공중에 붕 떠서 차도와 운행방향 등 학교로 가는 길을 여

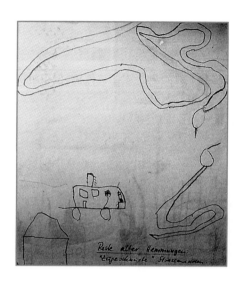

전히 찾지 못하고 있다.

🐦 위기를 돌파한 학교 입학
소년이 학교를 입학한 후부터는 항상 반복되어 나타나던 차단된 길의 상징이 전혀 나타나지 않았다. 그리고 말더듬이 증상도 없어졌다. 입학의 운명 혹은 수호천사가 누나의 엄한 선생님으로부터 소년을 보호한 것이다.

특별하지 않으면 아무것도 아니야

한 가정의 가장인 40세의 남성은 지금까지 정규직으로 일하고 있었으나 회사 재정상 부득불 퇴직할 수밖에 없었다. 퇴직 후에 그는 자기 사업을 하고 싶어 했다. 그는 창업 형태를 어떻게 결정할 것인지 고민

하고 있다. 동업을 할 것인가 아니면 혼자 자영업을 할 것인가. 그러나 어느 쪽을 선택하든 경제적 부담을 안겨 주는 투자에 대한 확신도 서지 않았고 혹 실패할까 봐 두렵고 자신감도 없었다. 하지만 한 가지는 분명했다. 그 회사는 특별해야 해!

🐦 과대한 요구

그는 어떤 그림을 그렸는가? 그의 그림(249쪽 위 그림)은 대충 스케치를 한 것처럼 보인다. 막다른 골목이 갈림길에서 끝나고 있다. 길 위로 뾰족한 세개의 산봉우리가 위협하고 있다. 이는 체면을 지키기 위한 과대한 요구와 그 외의 다른 요구들, 그 자체를 상징한다. 회사는 그림 아래 왼쪽에 그려져 있는데, 공간 상징에서 가장 퇴행적인 방향이다. 이 그림의 '위기' 대본은 부족한 자신감과 과대한 요구가 함께 쌍을 이룬다.

🐦 중간 수준으로 '하락'

일주일 후 두 번째 미술치료에서 이 남성은 자기 내면과 외부 상황을 그렸다(249쪽 아래 그림). 이번에도 역시 그림 왼쪽 아래에 회사를 그렸는데, 처음 그림과 비교했을 때 달라진 점은 문이 있다는 것이다. '위협'하는 듯한 배경의 산봉우리들도 다시 그려져 있는데, 그때서야 그는 이 산봉우리가 어릴 적부터 자신과 동일시해 왔던 어머니의 과대한 요구(산꼭대기에 있는 별장)임을 인식했다. 이번 그림도 즉흥적으로 그려졌지만 조금 덜 불안해 보였고 편안한 단계로 '내려오기' 시작했다. 언덕 위의 정착역과 아래의 역 사이에 케이블카가 있고, 윤곽만 그려진 구불구불한 길이 언덕 아래로 이어지고 있다. 높은 산봉우

리와 또 한편으론 최고의 성과에 도달하려는 욕구 그리고 어릴 적부터 습득해 온 어머니의 요구, 이런 것들 간의 유사성이 상담과정에서 자연스럽게 나타났다.

🕊 팀을 상징하는 나무들

그림 오른쪽의 소나무들은 내담자가 이번 치료시간에 생각해 낸 팀이 되는 창업자들을 상징한다. 나무 그림의 상징은 새로 모습을 드러낸 모성적 자질, 즉 협동에서 오는 보호와 안정감을 대변할 수 있다.

그녀가 삶을 극복하는 것은 내 책임이다

도로 중앙에 접근금지 도로 표지판이 길을 막고 있다. 도로에는 아무도 없다.

여자친구와 헤어진 34세의 남성은 이런 상태론 더 이상 살 수 없을 것 같다고 말했다. 도로의 왼쪽 가장자리엔 검은색의 벤치가 그려져 있고, 바로 그 옆에 끝난 관계를 상징하는 십자가 있다. 이는 이별을 극복하지 못한 채 자해하거나 슬픔으로 인해 인생을 망칠 것 같은 여자친구에 대한 불안도 내포하고 있다. 도로의 오른쪽엔 화려한 색채의 삶이 요동치고 있다. 이 남성은 스스로 길을 막고 있다. 도로 표지판이 그의 앞길을 차단하고 있다.

그런데 이 남성은 그림에서 어디에 있는가? 도로 표지판이 자신의 앞길을 막고 있는 그를 상징하고 있는 걸까? 아니면 도로 표지판이 여자친구와 여자친구의 은근한 위협을 상징하고 있는 것일까? '화려한 색채의 삶 쪽으로 달아나 보시지, 그러면 난 당장 자해하고 말거야.'

라는 여자친구의 위협인가? 자기 정황에 대한 내담자의 설명이 끝난 후, 필자는 그에게 새 화지를 주고 도로 표지판 뒤에 도대체 어떤 길이 나 있는지 그리고 그 길은 어디로 이어지는지 그리도록 했다.

🐦 미결정

그는 검은 색연필로 도로가 끝나는 지점에서 왼쪽 갈림길(좁음)과 오른쪽 갈림길(넓음)을 그렸다. 그는 좌우 두 갈래 길이 각각 다른 넓이로 그려진 것을 의식하지 못했는데, 치료과정이 경과되면서 비로소 그것을 깨닫게 되었다.

여기서 중요한 점은 미술치료사가 이러한 세부적인 것을 지각할 수 있어야 한다는 것이다. 오른쪽에 그려진 꽤 널찍한 갈림길은 상징적이며, 다음과 같이 해석할 수 있다. 진보적인 길은 희망적이다. 이 남

성은 위기의 고비를 넘는 데 성공할 것이다. 그렇지만 현재 그의 상태는 아직도 많이 부족하다.

치료적 중재에서 순서는 다음과 같다.

필자는 내담자에게 작은 나무인형들을 주면서 현재 그가 있는 자리에 그것을 놓아 보라고 요구했다. 놀랍기도 했지만 또한 기쁘게도 그는 도로 표지판 뒤편, 즉 방금 새로 그려 넣은 갈림길 한가운데에 인형을 올려놓았다. 물론 아직 결정을 내리지는 못했지만 말이다.

🐦 부모로부터 분리

내담자에게 두 번째 화지를 제안했다. 그리고 그가 지나왔던 도로의 앞쪽에 그 화지를 놓았다. 필자는 그에게 다시 나무인형들을 주면서 이번에는 부모들을 그림에 배치하라고 권유했다. 그는 자기 뒤편으로 퇴행적 위치가 되는 그림의 앞쪽 왼편에 부모들을 배치했다.

이에 대해 필자는 여자친구에 대한 분리갈등이 지금까지 그가 알고 있었거나 느끼던 것보다 훨씬 더 심각한데, 어쩌면 아직까지도 부모와 분리되지 못했기 때문이라고 보았다. 그가 여자친구와의 이별을 극복하기 위해서는 우선 부모와의 분리문제를 해결해야 했으므로 다음과 같이 간접적인 제안을 했다.

"당신이 도로 오른쪽 가장자리에 그려 놓은 이 화려하고 매혹적인 물결선들은 무엇인가요?" 필자가 내담자에게 물었다. 내담자는 오른쪽 부분에 나무인형들을 올려 놓으며 답했다. "아마도 사람들일 거예요."

"사람들이라고요?" 필자가 되물었다. 치료사가 이렇게 개입하는 의도는 무엇인가? 놀이에서처럼, 다시 말해 아동놀이의 진지함과 거기서 이끌어 낸 상징적인 결과처럼 도로 오른쪽은 생생한 에너지로 가득한 '새로운 삶의 터전'이 된다.

🦋 보조 자아가 되는 삼촌

내담자가 계속 결정을 내리지 못한 채 갈등하며 불행하게도 갈림길 한가운데에 땅에 붙은 듯 서 있는 것을 보고, 혹시 가족이나 친척 중에 누군가 이러한 상황에서 어떻게 나아가야 할지 아는 사람이 있는가를 물어보았다. 그러자 내담자는 무슨 일이 닥치든 깊게 생각하지 않고 아주 간단히 해결해 내는 '농부 유형'의 삼촌을 그림에 세웠다. 그는 두텁고 큰 '둥그스름한' 형상을 삼촌으로 선택하여 오른쪽 길가에 올려 놓았다. 이로써 그림 오른쪽 영역에 '새로운 삶'이 웃음 지으며 더욱 많은 에너지로 들어찼다. 두 부모 형상도 그에게 좀 더 가까이 이동시켰다. 이는 마치 그들이 시야에서 벗어나지 못하도록 가까이 두려는 듯했으며, 삼촌의 현존이 부모와의 이별에 대한 기억을 더 쉽게 떠올릴 수 있도록 해 줄 것처럼 말이다. 아직도 그는 처음자리인 갈림길 한가운데서 결정을 내리지 못하고 바닥에 '붙어 있다.'

삼촌을 먼저 옮기다

도로의 경계를 '넘어' 다른 사람들이 모여 있는 그림 오른편의 삶 쪽으로 삼촌을 이동했다. 이로써 삶 영역에 에너지가 증가되었고, 동시에 생명에너지가 삶의 영역 쪽으로 흐르게 되었다. 그러자 갑자기 젊은이가 움직이기 시작했다. 젊은이는 방향을 결정하지 못하고 있던 자리를 떠나 삶의 영역 쪽으로 이동해 갔다.

여자친구가 그림에 나타나다

불현듯 여자친구 인형도 그림에 등장할 수 있었다. 이 그림에서 젊은이와 여자친구가 서로 마주보면서 그제야 마지막 작별인사를 하는

듯했다. 그리고 부모는 배경 속 원래 위치로 다시 격리되었다.

🕊 여자친구가 새 남자친구를 찾다

이 젊은이는 여자친구 옆에 다른 파트너를 세우고 난 뒤, 그제야 비로소 결정적인 해방감을 느낄 수 있었다. 불현듯 자세도 이완되고 행복한 얼굴 표정을 하며 달라진 그의 태도에서 '여자친구의 삶은 나의 책임'이라는 지침에 조종당했던 자신의 대본을 극복하는 것이 얼마나 편한 감정을 불러일으키는지 알 수 있었다.

이 대본은 그의 여자친구뿐만 아니라 자기 스스로도 약하게 만들었다. 그의 첫 그림에서 이 둘 중 어느 한 사람도 등장하지 않았음을 우린 기억하고 있다! 하지만 치료과정을 통해 그는 앞길이 막힌 듯 전망이 보이지 않았던 위기에서 벗어나 마침내 새로운 삶에 다가갈 수 있었다.

3=2+1

삶에서 내면에 고착된 대본 문구들뿐만 아니라 항상 반복되는 상황들 역시 위기를 암시한다.

37세의 여성은 절벽에서 끝나는 갈색의 오르막길을 그렸다. 누구든 이 길에서 되돌아서든지 아니면 낭떠러지로 떨어질 수밖에 없다.

이 여성은 살아오면서 항상 결혼한 남성이나 애인이 있는 남자를 사랑하여 매번 유사한 삼각관계의 갈등을 반복했다. 두 사람은 서로에게 속해 있는 사람들이고 그녀는 그 옆을 따라가는 동행자였다.

이 그림에 이러한 삼각관계가 여러 번 나타난다. 두 개의 밝은 파란

색 산과 한 개의 아주 어두운 파란색 산, 이 세 개의 산이 그것을 보여 주고 있다.

놀이터의 놀이기구 세 개도 역시 삼각관계를 보여 준다. 놀이기구 중 두 개는 비어 있고 하나에 세 사람이 몰려 있다. 뿐만 아니라 세 채의 집 또한 그러하다. 두 채의 큰 집은 길 건너편에 있는데, 한 채의 작은 집은 이쪽 편에 있다. 필자는 내담자에게 이 그림에 나타나는 어릴 적 아버지, 어머니와의 최초의 삼각관계를 설명했다. 아버지와 어머니를 상징 하는 위쪽의 두 집은 마치 아래쪽의 작은 집과 그 집의 생명을 감시하 고 조종하는 두 귀신 집처럼 보인다. 이때 미술치료사가 내담자에게 새 화지를 제안한다면 내담자는 그림 아래 오른쪽의 밝은 대지에서 미래 방향으로 새로운 길을 모색할 것이다. 다시 말해, 세 사람 모델에서 완전히 벗어나 두 사람 간에 맺어지는 정상적인 파트너 관계로 인도하는 새로운 길이 될 수 있다. 새 길을 시각화하는 작업은 내담자의 당면 문제나 긴급 상황 또는 곤경에 대한 해결책을 제시하는 작업이 아니다. 시각화 과정은 인생의 꿈과 생기를 새로운 방향으로 전환시키는 역할을 하며, 여기서 과거 형태의 에너지는 자동적으로 감소된다.

5 = 4 + 1

가족생활에 적응하는 아이들의 태도는 아이의 내면에 특정한 형태와 공식들로 각인되어 오랜 기간 동안 아이의 감정과 사고, 태도를 항상 같은 방법으로 조종하며, 같은 상황구조를 만들어 낸다.

이러한 대본은 다음 사례에서도 뚜렷이 드러난다. 5형제 중 막내인 아이는 미술치료 시간에 일기장 표지를 그렸다. 수직으로 세워진 네 개의 막대기는 아이의 형들을 상징하며, 수평 막대기는 자신을 상징한다. 이 아이는 항상 자신이 남다르고 특별해서 형제들 속에 끼지 못한다고 느껴 왔다. 그러면서도 형들이 서로 사이좋게 지낼 수 있도록 자신이 보살펴야 한다고 느꼈다.

🐦 그림의 해결 방안

이 그림을 보는 순간 필자에게 조그만 해결의 실마리로 책 표지 그림의 오른쪽 아랫부분이 눈에 띄었다. 거기엔 다섯 개의 주황색 막대기가 나란히 그려져 있다. 아이는 더 이상 '비뚤지' 않고 더 이상 특별하지도 않다.

🕊 다른 사람들과 연결된 여러 사람

전형적인 구속 상황에 늘 같은 효과를 미치는 4+1 공식의 이 대본은 더 좋아진 그림에서도 해결되지 못했다. 하지만 하나의 대안이 제시되었다. 미술치료에서 이 대안을 시각화시키는 과정은 대본을 유지하는 데 소모되는 에너지를 감소시킨다. 일기장 2부인 두 번째 표지를 감상하면서 삶에 대한 새로운 느낌이 생성되었음을 알 수 있었다. '더 좋아진' 그림은, 말하자면 새로운 매체로 외부 사람들의 기대와 감정, 기분을 변화시킴으로써 다른 사람들과의 사귐과 소통도 변하게 된다. 더 이상 외톨이가 아니다. 더 이상 특별하지도 않고 여럿 중 하나일 뿐이다.

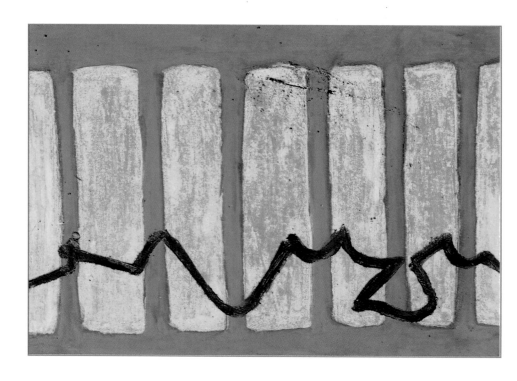

약점은 보이지 말 것

섭식장애로 고통받는 29세의 여성이 집단미술치료에서 오토바이 유니폼을 입고 절벽 위에 서 있는 자기 모습을 그렸다. 그녀 아래에는 위협적인 검은 어떤 것이 연기를 내며 타고 있다.

🐦 과잉 보상

이 그림에서는 특히 위험한 검은 불안이 특별하게 제작된 포르쉐(경기용 오토바이)로 단단히 무장되어 있음을 명확히 보여 준다. 일상생활, 다른 사람들, 기숙사, 싫어하는 대학수업, 이 모든 것이 언덕 아래

에 흐릿하게 볼품 없이 널려 있다.

🐦 치료적 그림이야기

치료사: 절벽 위의 길에 놓여 있던 조그만 조약돌(지각하는 자아) 하나가 오토바이에게 말했습니다. "이봐, 너 지금 거기서 뭘 하고 있어? 지금 공중에 떠 있잖아……."

내담자: 아, 예, 오토바이 입장에서 대답하라는 거죠…….

치료사: 그래요, 오토바이라면 말이에요. 공중에 떠 있는 오토바이가 보이는데, "너 거기서 뭐하니?"

내담자: "내가 공중에 떠 있는 것을 전혀 몰랐어. 여기까지 나를 타고 왔던 여자가 방금 내렸어. 그녀는 가끔 나를 자신의 부신 호르몬(아드레날린)이라고도 하고 경쟁자라고도 불러. 그녀와 나, 우리는 뽐내기 위해 같이 있어."

치료사: "그래, 그 여자가 방금 내렸다고?"

내담자: "길이 여기서 끝났기 때문에 내렸어."

치료사: "길이 여기서 끝난다고, 그래 맞아. 거기서는 이제 아래로 미끄러지든지, 아니면 굴러 떨어지고 말 거야. 그런데 그 여자는 도대체 뭐하는 사람인데?"

내담자: "그 여자는 어디로 가야 할지 주위를 두리번거리고 있어."

치료사: "그래, 뭐가 보이는데? 길을 찾았니?"

내담자: "그녀는 창백한 모습으로 저 아래 언덕에 있는 기숙사와 자기 대학생활을 보고 있어. 하지만 그곳으로 가기 싫어해. 그렇게 할 수도 없지. 보다시피 아주 경사지고 매력도 없거든."

치료사: "맞아, 경사가 심해. 그리고 그녀는 너무 꼭대기에 있어. 그

럼 오토바이 저 아래 보이는 거대한 저 검은 것이 뭔지 알
아? 그녀 아래에 있는 검은색의 둥근 것 말이야?"(검은 덩어
리를 가리키며)

내담자: 오토바이가 대답한다. "그 어두운 형상은 바로 불안이야."

치료사: "그 어두운 형상이 불안이라고?"

내담자: "그래, 그 형상은 그녀가 갖고 있는 불안이야."

치료사: "그럼, 무엇이 그리도 두려워 불안해하는 거지?"

내담자: "그 여자는 과거에 뇌종양을 앓았거든. 어릴 때와 사춘기
때 두 번 수술을 한 적이 있어. 수술이 잘되어 지금까지
14년 동안 재발한 적이 없기 때문에 사실 불안해할 필요는
없어. 수술은 성공적이었지만 너무 불안했던 나머지 폭식
증이 생겼어."

치료사: "폭식증이 생겼다고?"

내담자: "먹고 또 먹고 계속 먹어 대다가 모두 토해 버려. 그러면 덜
불안하니까. 먹을 때는 불안감을 느끼지 않으니까 그래."

치료사: "먹을 때는 불안을 느끼지 않는다고?"

내담자: "오토바이를 탈 때도 마찬가지야. 불안하지 않아. 그때는
튼튼한 오토바이 유니폼을 입고 북아메리카 원주민인 이로
쿼이 족 헤어스타일에 오토바이 헬멧을 쓰거든. 지금 그림
에 보이는 것처럼. 그 여자는 항상 나를 자신감 보정기라
불러."

치료사: "자신감 보정기라고? 그게 대체 뭔데?"

내담자: "일종의 힘센 것인데, 말하자면 잘난 체하는 거지 뭐."

치료사: "오토바이, 너는 어떻게 생각하니? 그 여자가 얼마나 더 오

래 너를 자신감 보정기로 필요로 할 것 같니? 이 그림에서
보면 지금 막 쉬면서 지금껏 해 왔던 대로 앞으로도 그리 해
야 할지 곰곰이 생각하는 거 같지 않아?"

내담자: 오토바이 입장에서 전 이렇게 말하고 싶군요. "검은 구멍으
로 추락하지는 않을 거야. 그 구멍으로 난 길이 어디에도 없
거든. 그리고 그녀 자신도 그것을 원하지 않아."

치료사: "어쩌면 언젠가는……. 물론 오토바이 넌, 네가 더 이상 필
요 없게 되면 당연히 좀 슬프겠지. 근데 그림을 자세히 보면
너도 벌써 그 생각을 하는 것 같은데……." (오토바이 유니폼
을 입고 있는 여자를 가리키며) "넌 어떻게 생각하니?"

내담자: "여기 위에서 나는 지금 아주 외로워. 저 아래에는 어쩌면
내게 관심 가져 주는 사람이 있을지도 모르겠지만, 여기 위
에는……."

치료사: "어쩌면 네가 누군가를 만날 수도 있다고? 어떤 사람? 너와
함께 어두운 구멍을 자세히 들여다볼 수 있는 그런 사람
을?"

내담자: "어두운 구멍이 어디 있어?"

치료사: "네가 바로 그 위에 앉아 있으면서도 항상 지나쳤던 어두운
구멍 말이야."

내담자: "그 구멍을 내가 들여다봐야만 한다고? 그것은 공포의 구멍
이야. 그럴 수 없어, 난 너무너무 무서워."

치료사: 그때 옆에서 지금껏 모든 대화를 듣고 있던 태양이 참견했
다(메타 수준에서 '심리' 체계의 붕괴).

내담자: 태양이 말한다. "나는 거대한 등불이야. 나는 세상 모든 것

을 밝게 비출 수 있어."

치료사: "네 빛으로 모든 것을 환하게 비출 수 있다고?"

내담자: "태양이니까 당연히 할 수 있지. 만약 내가 구멍 속을 환히 비춘다면 그 내부도 아주 다르게 보일 수 있어……."

항상 성욕에 매혹된

50세의 남성이 휴가 중 여행에서 체험했던 일들을 그렸다. 한적한 언덕 주변에 장미 가시넝쿨이 길을 막고 있다. 그 뒤에 염소 한 마리가 서 있다. "나는 매혹되었지만 동시에 두려운 마음도 들었습니다."라고 그가 말했다.

🐦 외형의 역동은 내면을 반사한다.

이 남성이 바로 그 상황을 기억해 내고 그림으로 표현한 것은 우연이 아니었다. 심층적이고 상징적인 차원에서 이 체험은 삶의 전환기에 있는 이 남성의 아주 중요한 문제를 드러낸다. 그림 속의 염소는, 젊은 아내가 아이를 낳은 뒤부터 아이를 돌보느라 다른 일에 신경 쓸 겨를이 없어지자 마치 거세당한 듯이 느끼는 그의 성욕을 상징하고 있다. 그는 가시가 없는 장미꽃들, 로맨스, 연애사건, 모험으로 가득한 옛 시절을 꿈꾸고 있다. 그러나 다음의 두 번째 그림에서 이 남성은 이렇게 말했다. "염소는 이제 가시넝쿨의 울타리를 넘어갔고—남성의 돌파 욕구 암시—가시 장미로 만들어진 꽃다발을 목에 걸고 있습니다." 이 남성은 이제 가족이 있기 때문에 사랑과 성에 대한 자기생활이 변했음을 받아들였다. 이 그림은 그가 나이와 상황에 맞는 현실 인식과 심층적인 내면을 조망하기에 이르렀음을 상징적으로 보여 준다.

🐦 위기 돌파

동물의 모습도 변했다. 뿔이 나 있고 젖통도 달렸다. 이 동물은 남성적이면서도 여성적인 것을 동시에 지니고 있다. 이 사례가 보여 주듯이 인간의 심리적 위기—꿈 작업에서처럼—는 종종 그림에서 상징들이 응축되면서 해결된다.

섹스 중독: 이 짐승에게 순종하지 않으면 잡힐 것이다

47세 남성이 자신의 꿈을 그렸다. 그는 몇몇의 친구들과 발코니에 앉아 있었는데, 물론 그의 여자친구도 함께 있었다. 갑자기 발코니 아래쪽 정원에서 엄청나게 큰 말 한 마리가 나타나서 그를 위협했다. 그는 집 안으로 도망치려고 했으나 안으로 통하는 길이 막혀 있다. 그는 건물 벽을 향해 달린다.

🐤 도 망

도망치는 상황이 매번 되풀이되는 것은 다음과 같은 심리적 위기를 암시하고 있다. 성적 또는 공격적 에너지에 대한 불안감, 다시 말해 억제되어 (잠복상태에) 있는 이런 에너지가 매번 똑같은 식으로 형체 없이 습격해 오는데, 거기에 압도당할까 봐 내심 불안한 것이다. 늘 같은 상황이 반복된다.

🐤 대안으로 투명지에 그리기

필자는 내담자에게 투명지를 권했다.

그는 투명지에 말을 그대로 베껴 그렸다. 그리고 그림을 반대 방향으로 돌려서 그 말을 똑바로 마주 보았을 때 어떤 느낌이 드는지 연습했다.

"이것은 매번 나를 습격하는 성욕입니다."라고 그가 말했다. "저는 종종 거의 강요당한 것처럼 성매매 여성을 찾아갑니다. 이 돌발적인 공격성이 현재 나와 동거하는 여자친구와의 관계는 물론이고 친구들 사이에서도 큰 장애가 되고 있습니다. 왜냐하면 친한 친구들에게도 종종 이 그림의 말처럼 갑작스레 성욕을 느끼기 때문입니다." 그는 이 설명과 함께 말에 커다란 성기를 그려 넣었다.

🐦 원본능이 자아로 전환

마지막으로 그는 새 종이에 거친 야생말을 타고 고삐를 쥔 자기 모습을 그렸다. 이 그림의 의미는 이제 원본능이 아닌 자아가 삶의 지주가 된다는 것이다. 본능이 자아로 전환되었다.

이러한 그림이 아직 문제의 해결을 의미하는 것은 아니다. 하지만 이 남성은 이렇게 꿈과 연결되는 그림을 그리는 과정에서 자신의 성 의존 대본을 극복하는 길을 찾아 나갔다. 그는 오늘에 와서야 자신의 성욕을 조절할 수 있게 되었다.

파트너의 기분에 좌지우지됨

28세의 여성은 직장에서 즐겁고 흡족한 하루 일과를 마쳤다. 그녀는 기쁜 마음으로 활기에 차서 집으로 돌아왔다. 그러나 집에 있던 남자친구는 언짢은 기분으로 그녀를 맞이했고, 그녀의 감정을 상하게 했다. 즐거웠던 하루를 망쳐 버린 그녀는 저녁 내내 침울했다.

🐦 전수된 감정들

이 여성은 무엇을 그린 것일까?

밝은 노랑이 보이는 녹색 길을 따라 파트너가 있는 그녀의 집 쪽으로 그녀는 다가가고 있다(산 1에서 산 2로).

파트너의 불쾌한 기분과 우울감은 즐거운 마음으로 집을 향하던 그녀의 길을 차단하여 막아 버렸다. 바로 그때부터 어둠이 지배하기 시

작한다. 이 어둠은 그녀 내면에서 발하던 빛의 죽음이며, 그림에서 십
자로 상징되어 있다. 그녀는 파트너의 감정을 자신의 내면에 고스란히
받아들여 마치 파트너가 우울하면 그녀도 즐거워할 수 있는 권리가 없
는 것처럼, 그의 기분에 빠져들었다(오른쪽 아래에 누워 있는 인물).

🕊 분리 자원과 공격 자원

이 여성은 자기 기분이 파트너의 상태와 맞지 않을 때, 그로부터의
분리가 무척 힘들었다. 그녀는 파트너 관계가 조화로워야 한다는 그릇
된 생각으로 남자친구의 기분을 맞추어 주었기 때문에 불행했다.

파트너 산을 향한 왼쪽 산의 오른편에는 분리 자원이 분명한데, 이
는 빨간색으로 나타나 공격적으로 표현되어 있음을 알 수 있다.

🕊 빨간색이 되는 역할놀이

이럴 때 내담자는 스스로 빨간색이 되는 역할놀이를 통해 이전과
다르게 파트너를 대할 수 있도록 연습할 수 있다. "당신 기분이 별로
좋지 않아서 정말 안됐어. 무슨 일인지 말해 봐. 말하기 싫으면 그냥
나 혼자 두든지, 그렇지 않으면 우리 나중에 얘기해……."

일정 엄수

항상 시간과 일정에 쫓기며 생활하는 45세의 매니저가 세미나에 참
석하기 위해 자동차를 타고 질주하는 장면을 그렸다. 검은 시계가 그
려져 있는 고속도로에 검은 리무진이 '거침없이' 내달린다. 정지표지
판도 없고 교차로도 없는 고속도로는 장애물 하나 없이 확 트여 있다.

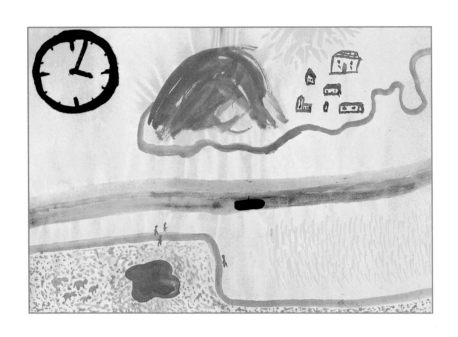

그는 정말 '자유롭게 승용차를 타고 달리는 것일까?' 아니다!

위기에 처한 이 남성의 대본은 무슨 일이 있어도, 생명의 위험을 무릅쓰고라도 일정을 지켜 내야 한다는 내용을 담고 있다. 그림에선 고급 승용차를 타고 A에서 B로 내달리는 내담자의 '숙달된' 태도가 느껴진다. 그에겐 가끔 승용차에서 내려 삶에 심취하거나 곡식, 들판, 호수, 사람들…… 체험하는 것이 허락되지 않았다. 만약 성공가도를 달리던 '일 중독자'가 늘 쫓기는 듯한 자신의 삶을 불현듯 깨닫게 된다든지 혹은 갱년기에 접어들어 갑자기 '차에서 내려 버리는' 경우, 바로 그때 문제가 된다. 이런 경우, 사람들은 지금껏 단 한 번도 의미 있는 삶을 살아 보지 못했다는 생각에 강하게 사로잡히곤 하는데, 이때 결혼이나 가족생활에 전혀 예기치 않은 심각한 갈등이 야기되기도 한다.

🕊 그림요소의 대화

치료사: 어느 날 도로가 밀알들의 이야기를 엿듣습니다. 첫째 밀알
　　　　이 말하는군요.

내담자: 첫째 밀알이 말합니다. "저기 저 사람 참 급하게도 달리네.
　　　　어떻게 저렇게 바쁠 수 있지? 이 도로에 저렇게 어두운 검은
　　　　색의 승용차가 달리는 광경은 아주 보기 드물어."

치료사: 그러자 다음 밀알이 말합니다.

내담자: "우리 낟알들을 바람에 태워 저 사람 자동차에 날려 보내
　　　　볼까? 날씨가 이렇게 화창해서 그는 틀림없이 자동차 창문
　　　　을 내리고 달릴 거야. 그러다가 앞이 잘 보이지 않으면 잠시
　　　　자동차를 세울 게 분명해. 그리고 어쩌면 우리 쪽으로 올 수
　　　　도 있겠지."

치료사: 그러자 또 다른 밀알이 말합니다.

내담자: "우리의 향기로 그를 마취시킬 수도 있어."

치료사: 그 대화를 듣던 도로가 말합니다.

내담자: "너희들, 참 별 이상한 생각들을 다 하네. 하지만 그렇게는
　　　　안 돼. 저 차를 타고 달리는 남자는 일정이 있는데, 그러면
　　　　안 되지."

치료사: 밀알들이 말합니다.

내담자: 밀알들이 "그렇다면 이제부터 그는 낙오자가 되겠지 뭐."라
　　　　고 말하는군요.

치료사: 이때 도로가 묻습니다. "낙오자? 그게 뭔데?" 밀알들이 대
　　　　꾸합니다.

내담자: "낙오자란 바로 저런 고급 승용차에서 내려와 걸어가는 사

람이야."

치료사: 도로가 이제 다시 검은 승용차에게 묻습니다. "야, 너 밀알들이 소곤거리는 것 들었지. 말해 봐, 너는 삶을 외면하고 달리는 죽은 자동차지?"

내담자: 그러자 자동차가 말합니다. "완전히 죽지는 않았어. 너희들이 얘기하는 것을 전부 들었거든. 그리고 내가 태운 손님도 모두 들었어. 그는 지금 여기 양탄자 위에 편안히 누워서 밀알들의 대화에 대해 꿈꾸고 있어." (바닥에 누웠다.)

(집단원들이 흥얼거린다······.)

죽음의 마차 – 나는 희생양이 되어야 해

그림으로 표현한 동화 장면은 종종 그 사람의 삶에 대한 주제나 갈등을 반영한다.

🕊 요지부동

26세의 청년은 자갈길에서 거의 옴짝달싹 못하는 마차를 그렸다. 그림의 중심에는 큰 하트 모양이 '잘못된 위치', 즉 마차 바퀴 안에 들어 있다. 그리고 마차를 몰고 있는 사람(내담자) 앞의 '아니요(Nein)'는 삶을 부정하는 주제를 나팔로 부는 것처럼 보인다.

🐤 그 후 그도 죽게 되는······

경건주의적 이단 종교를 믿는 가정에서 성장한 이 청년은 늘 불렀던 찬송가 구절에 강박적으로 매여 있었다.

은총 가득 실은 배가 오네, 저 높은 뱃전 은혜로 충만하네.

하나님의 아들 오신다오, 아버지의 영원한 말씀과 함께.

그 독생자 기꺼이 품에 안고 입 맞추는 자가 누구더냐.

그 분의 고통 함께한다오, 온갖 수난 다 겪으리.

그 훗날 죽음도 그분과 함께하리니······.

🐦 신과 동일시

찬송가의 가사만 인용한 것이 아니었다. 그것은 이 청년의 이상을 의역한 거나 다름없었다. 이를 행함으로써 신과 같이 될 것이다—그래, 가끔. 나는 신이다. 헛된 망상.

🐦 오리기와 변형

이 청년은 동화 그림에 대한 대화에서 자신의 발달사 배경이 명확해지자, 마차가 다른 방향으로 달릴 수 있도록 마차와 '아니요(Nein)' 단어 그리고 말을 오리겠다는 제안을 했다. 그는 생각대로 그림의 각 부분들을 조심스레 오려 냈으며, 하트 모양 역시 오려 내어 다른 위치에 놓았다. 돌려진 마차의 뒷부분과 말, 그리고 부정하는 'Nein' 단어

대신 긍정의 '예(Ja)'를 그렸다. 그리고 마차를 오려 내어 빈 공간이
생긴 자리에 새 종이를 깔고 바탕색을 칠해 그림의 다른 부분들과 서
로 조화를 이루도록 했다. 그리고 두 사람이 타고 있는 마차 안에 하
트 모양을 넣기 위해 마차의 문을 열 수 있도록 오렸다.

🐦 그림에 대한 개입

그림의 일부분을 오려 내는 작업은 그림에 깊숙이 개입하는 행위
다. 이러한 내담자의 제안을 허용하는 것은 삶을 위협해 온 대본에 위
험한 모험을 감행하는 것과 다를 바 없다. 내담자의 얼굴표정이나 그
후 행동변화를 통해 삶에 대한 새로운 감정이 생겼음을 확실히 알 수
있었다.

멈추는 사람은 처벌당한다

근원을 알 수 없는 항면역성 부진증을 앓는 35세의 남성은 그에게 늘 인상 깊게 다가왔던 이야기의 한 장면을 그림에 담았다. 이와 같은 대본이야기들은 종종 그림을 그린 사람의 삶의 주제를 반영해 준다. 그림이야기의 줄거리는 장거리 도보행진을 위해 1년 주기로 이루어지는 제식에 대한 이야기로, 매년 18~19세 사이의 청년 100명이 장거리 도보행진을 위해 선발된다. 어느 누구도 중간에 행진을 멈춰선 안 된다. 정지하는 사람은 감시자에 의해 총살당한다. 결국 100명의 청년들 중 끝까지 살아남은 사람은 딱 한 사람으로 그가 승리자가 된다.

🐦 유사성

"그래요, 그럼 18세 때 당신에게 무슨 일이 있었습니까?" 필자가 내담자에게 물었다. "저희 가족에겐 절대 엄수해야 하는 법칙 하나가 있었어요." 그가 말했다. "그 법칙은 남자는 18세가 되면 집을 떠나는 것입니다. 저는 18세 때 호주로 보내졌어요. 저에게 너무 이른 거죠. 그것은 제게 잔인한 변화였어요."

여기서 우리는 이 그림의 주제와 이야기 그리고 내담자가 앓고 있는 항면역성 부진증 사이의 어떤 연관성을 예측할 수 있다. 100명의 청년들이 도보행진에 보내졌다. 이 청년들은 내담자가 가진 잠재적 힘(면역력─저항력)의 전체 100%를 상징한다고 볼 수 있다. 100명 중 한 명만 살아남았는데, 그 1%가 바로 내담자를 살아 있게 하는 최소한의 면역력이다.

🐦 '대물림'으로 이어지는 가족대본

어떤 대본들은 가족대본으로, 한 세대에서 그다음 세대로 '대물림' 되어 이어진다. 과대한 요구를 담은 이러한 대본은 '가족 내'의 위기로, 말하자면 '유전적인' 혈액질환(면역 부진증) 같은 위기다. 그림에서 보다시피 이 위기는 죽음에까지 치달을 수 있다. 이야기에서 언급되는 그 많은 청년 중 단 한명도 그림엔 보이지 않는다. 붉은 도로의 맨 끝 '목적지'에 그려진 검은 차단봉은 죽음이다. 만약 내담자가 이러한 연관성을 깨닫는다면 이 사례에서처럼 전염성이 강한 가족대본에서 헤어날 수 있을 것이다.

독신은 몰락을 의미한다

🐦 갈림길 – 결정 상징

33세의 남성은 갈림길을 그렸다. 그의 가정생활은 걸림돌에 걸려 정체되어 있었다. 그와 여자친구 그리고 여자친구의 아이, 이 세 사람이 가족이 되는 원만한 가족 형태를 찾지 못한 것이다. 여자친구(빨강)는 그녀의 아이(노랑)와 왼쪽 길로 가고 싶어 했다. 그녀는 그와 헤어지기를 원했다. 이 남성(파랑)은 여자친구와 헤어지면 도저히 그것을 극복할 수 없을 것 같아 공포에 사로잡혔다. 그림 오른쪽에 있는 이 남성의 길은 막혀 있다. 길에 잡다하게 널려 있는 거무스레한 돌들이 위기를 암시하고 있다.

🐦 돌을 차례차례로

필자는 먼저 첫 번째 돌에서부터 시작했다. 내담자는 이 첫 번째 돌을 '불안'이라 이름 짓고 '검은 불안구멍'이라고 말했다.

"새 종이에 이 첫 번째 돌을 그리고, 그린 돌은 다시 오려 내세요." 필자가 말했다. 내담자는 두 번째 돌을 외로움이라고 칭했고, "저는 혼자가 될까 봐 두렵습니다."라고 말했다. 필자는 내담자에게 다시 새 종이에 두 번째 돌을 그린 다음, 오려 내라고 청했다. 세 번째 돌은 방황이었다. "네 번째 돌은 실패했다는 감정입니다."라고 내담자가 말했다. 그는 이 마지막 두 개의 돌을 각각 새 종이에 그려서 오려 냈다. 그리고 다섯 번째 돌은 동경이라고 했다.

🐦 불안에너지의 재정돈

내담자는 지금껏 오려 낸 검은색 돌들을 들여다보며 중얼거렸다. "내가 가진 것이 도대체 뭐지? 그저 돌멩이 한 줌에 불과하잖아……." 오려 낸 돌멩이들을 이리저리 돌려서 보다 불쑥 말했다. "이걸로 예술 작품을 만들 수도 있겠네요. 거리의 예술……." 마지막으로 그는 오려 낸 돌들을 하얀 새 도화지 위에 풀로 붙이기 시작했다.

🐦 불안과 저항을 '조종하다'

각 돌들을 섬세히 살펴보고 조심스레 오려 내는 작업과정은 내담자가 주도적으로 자신의 문제에 접근하여 자발적으로 '대처'할 수 있게 하는 상징적인 의미를 지닌다. 마침내 그는 여자친구와 함께 이별과 관련된 중재상담을 받기 시작했다.

🐦 더 심층적인 실제 문제

이 내담자의 이별문제나 분리문제는 본질적으로 어머니와의 관계에서 비롯한 것이다. 그가 그린 거대한 나무 모양은 그의 어머니를 상징한다. 그의 잠재의식 속엔 병들고 우울한(검은색으로 칠한 나무 수관) 어머니의 모습이 갈림길에 서서 늘 그를 위협하는 듯하다. '병든 어머니를 모른 체하면 안 돼.'

'남편' 없이는 정신병원 신세야

🐦 안개에서 끝나는 길

내담자의 그림을 먼저 꼼꼼히 살펴보고 그가 무슨 말을 하는지 주의를 기울여 듣는 데 어느 정도 숙달된 미술치료사는 그림에 드러나는 위기 상징들의 엄밀한 차이를 알아차릴 수 있다. 한 예로 안개 속으로 사라지는 길의 상징을 들 수 있다.

35세의 여성은 갈림길에 서 있는 자신과 파트너를 그렸다. 두 갈래 길은 안개 속으로 사라진다. 안개는 신호를 준다. "정지! 더 이상 가면 안 됩니다. 뒤를 돌아봐서도 안 됩니다! 그러면 아주 위험해질 수 있습니다."

🐦 금기를 상징하는 안개

필자의 경험에 의하면, 그림 속의 안개는 비밀스러운 것, 좋지 않은 것, 은폐하는 것, 금기된 것들을 암시하고 있다. 안개 뒤편에는 종종 가족체계 속의 '어두운 부분'이 숨겨져 있다. 이 경우, 필자는 내담자에게 새 화지를 주며 안개 뒤편으로 이어지는 두 갈래 길의 목적지를 그려 보라고 제안했다.

필자는 내담자가 두 갈래 길 중 한 길의 목적지로 바로 개원하기 위해 몇 주 전부터 내부수리를 해 오던 병원을 그릴 것으로 생각했다. 집단미술치료에서 그녀는 벌써 몇 주 전부터 개원에 관한 여러 문제점을 언급하고 의욕적인 이야기를 해 왔기 때문이다. 그녀는 곧 개원하여 치과의사로 일하기를 원했다. 하지만 그림은 그렇지 않았다.

🐦 납득이 가지 않는 방향전환

그녀는 길 위쪽으로 정원이 딸린 집과 거기서 놀고 있는 아이를 그렸다. "저의 소망은 파트너와 함께 가정을 꾸리는 겁니다."라고 그녀가 말했다. "정원도 있고 강아지 집도 있는 그런 가정을 꾸리는 게 저의 가장 큰 목적이에요." 오른쪽 길 끝에 연결된 화지에 틀림없이 병원을 그릴 것이라 필자는 생각했는데, 그건 예상 밖이었다.

그녀는 네모 칸을 그리고, 그 안에 침대를 그려 넣었다.

"이것은 정신병원입니다."라고 그녀가 말했다.

"만약 가정에 대한 제 꿈을 이루지 못하면 저는 정신병원 신세를 지게 될 거라는 상상을 합니다."

🐦 진원지 찾기

이처럼 그녀의 말과 그림이 전혀 문맥이 맞지 않는 점은 대부분 가족 원조에 뿌리를 둔 금기된 것들이 은폐되어 있기 때문이며, 내담자가 이런 좋지 않은 것들을 전승받고 있다. 이런 것을 확인하기 위해서는 내담자에게 할머니, 할아버지 세대와 전체 직계가족을 표시하는 가계도를 그리게 하는 것이 좋다.

🐦 대물림된 감정

다음 가계도에서 보듯, 그녀의 '정신병원' 발언은 대물림된 가족 콤플렉스임이 분명하다. 정신병동에 입원한 적이 있는 아버지의 두 누나, 즉 그녀의 고모들은 둘 다 남편이 죽은 후 자살했다. 두 조카 역시 자살했는데, 한 조카는 농약으로, 다른 조카는 지하철로에 뛰어들

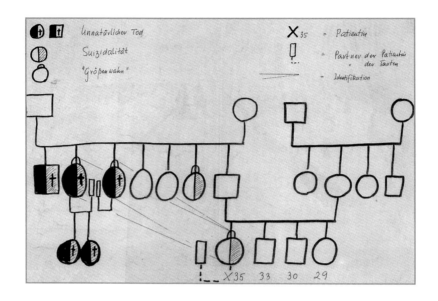

어 자살했다.

그녀의 정체된 감정은 이러한 가족사에서 다음과 같이 분명히 읽어
낼 수 있다. '만약 남자친구를 잃게 되면—개원과 관련하여 그에게
너무 큰 부담을 지우기 때문에—고모들이 남편을 잃은 후 그랬듯이,
나도 정신병원으로 가게 되고 자살하게 될 것이다.'

🐦 과대망상증

내담자가 설명했다. "아버지에겐 두 누나가 있었는데, 둘 다 과대망
상증이 있었습니다. 우리 아버지가 농장을 상속받자, 고모들은 당시
화폐개혁으로 돈 가치가 턱없이 떨어졌는데도 농장을 구입하려 했습
니다. 우리 가족은 고모들 얘기를 할 때마다 그녀들이 '과대망상'이라
고 했지요. 가끔 개원하는 병원 내부시설에 필요 이상으로 과한 지출

을 하지 않았나 하는 생각이 들곤 하는데, 그때마다 나 역시 과대망상
증에 걸린 게 아닌지 몹시 불안해지고 두려워요."

가계도에 대한 이러한 분석은 그림에 있는 안개 속에 숨겨진 삶의
장애물이 얼마나 다양한 모습인지 보여 준다.

🦋 가계도(Weber/Hellinger[50])

필자는 우선 그림의 체계적인 연관성을 파악한 다음, 가계도를 사
용하여 가족체계 내에서 내담자가 힘을 얻을 수 있게 더 나은 위치를
찾아내고, 다시 한 번 그림에 대한 중재 작업으로 돌아갔다. 그리고
나무, 집, 인물 등의 다양한 작은 나무 장난감이 들어 있는 상자를 보
여 주었다. 그러자 내담자는 처음 상자에서 작은 나무 한 그루를 선택
해 정신병동 그림 위에 세웠다. "꼭 이 자리에 나무가 서 있어야 해
요."라고 말했다. "그래야지 고모의 숙명적인 불행이 조금 덜 놀라우
니까요." 이 여성은 아직도 전 회기 작업에서 그리고 이전 가족체계에

서 벗어나지 못하고 있었다.

"예, 이 나무는 고모를 위한 것입니다."

갑자기 그녀는 긴 한숨을 내쉬었다.

이 한 그루의 나무가 세워져서 변화된 그림을 바라보는 동안 내담자는 좀 편안해지는 듯 보였다. 불현듯 그녀는 작은 집을 골라 왼쪽 길가에 세웠다. "이 집은 제가 개업하는 병원입니다."라고 그녀가 말했다. 그리고는 같이 살기에 좀 덜 부담스러워 보이는 한 쌍의 남녀를 길 위에 세웠다.

더 이상의 내용을 소개하기보다 그림에 나타나는 '위기'에 대한 정신역동의 현상을 다시 한 번 요약해 보자.

① 그림에서 길이나 도로, 끈, 물의 흐름 등이 나타나면 이런 것들은 그린 사람의 삶의 에너지가 방향을 가지고 있거나 방향을 찾고 있는 것이며, 개방 또는 탈출, 전진에 대한 역동이 존재하고 있음을 말한다. 아니면 퇴행의 역동일 수도 있다.

② 길의 끝이 막혀 있다든지 도로나 강 등이 잘못 그려져 있거나 차단 또는 파괴되어 있다면 이런 현상들은 주행하고 있는 또는 이미 지나온 삶의 길에서 자기개방이나 이완, 퇴행을 허용하지 않는 저항력을 말한다.

③ 차단이나 전진을 막는 반대 힘들은 종종 삶을 저해하는 대본들로서 가족에게 대물림받으며, 앞으로 나아가는 것에 대한 불안으로 점철된 것이다.

8. 위기-우울증

개인적으로 또는 직장생활에서 더 이상 앞으로 나아갈 수 없는 위기에 처한 사람들은 언젠가는 우울증으로 반응하게 된다. 즉, 침울해지고 가끔 생을 포기하기 일보 직전의 상태에 이르게 된다.

🐦 진단적이고 예후적인 근거

자발적으로 그린 내담자의 그림은 우리에게 중요한 진단적 근거를 제공해 주는데, 이를테면 내담자가 위기 상황을 변화시키고 극복할 수 있는지의 예후를 가늠할 수 있도록 한다.

그림에서 다음 세 가지 질문을 할 수 있다.

- 막막한 상황이 얼마나 '절대적'인지, 즉 내담자가 삶의 장애에 어느 정도 사로잡혀 있고 구속되어 있으며 압박받고 있는가?
- 그림 속의 자아형태의 입장은 어떠한가? (누워 있는지, 공중에 떠 있는지, 웅크리고 앉아 있는지, 서 있는지, 날아다니는지, 정체되어 있는지, 곧 자리를 떠날 준비상태인지 등)
- 내담자의 저항이나 혹은 탈출하려는 진보적 역동이 의식적, 무의식적으로 어떤 형태와 색상을 띠고 그림 속에 표현되어 있는가?

🐦 억압과 반항의 비례

앞으로 제시되는 그림들에서 내면의 억압과 침체된 정도는 물론, 내담자의 저항 및 암시되어 있는 삶의 (에너지) 배관들을 발견할 수 있

다. 모든 내담자는 그림을 시작하는 시점에서 '위기-우울증'에 정체
되어 있었다.

벙커

매 2분의 짧은 간격으로 계속 새로운 그림을 그려 가는 동안 27세의
여성은 사면이 꽉 막힌 벙커에서 자신을 해방시킬 수 있었다. 이 벙커
는 더 이상 유지하지 못하고 붕괴되었다. 그림을 그리는 과정에서 치료
적 대화가 이루어질 수 있는 자유로운 분위기도 조성되었다.

🐦 껍 질

17세의 소녀는 계란 모양의 껍질 속에 갇혔다고 스스로 절망적으로 느꼈는데, 무의식적으로 그 껍질을 벗기기 시작했다. 분필이 손에서 미끄러져 나갔고, 소녀는 이러한 움직임으로 계란 모양의 껍질이 파괴되는 것을 즐겼다.

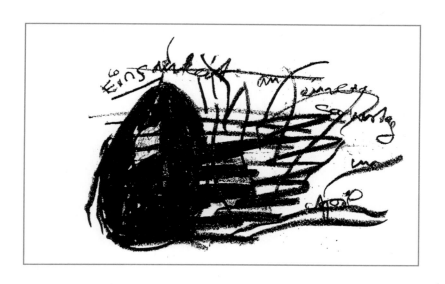

🐦 공격에 의한 차단

삶이 자신을 거부한다고 느끼면 존재를 위협하는 화살들이 그림에 나타난다.

다음의 그림을 그린 24세 여성은 싸움의 원인이 자신에서 비롯되었음을 깨달아야 했다. 그녀 스스로 자신과 투쟁했고, 화살로 스스로를 파괴했다. 미술치료사는 다음과 같은 질문을 해야 한다. 내담자의 이러한 공격성은 누구를 향한 것인가? 그리고 내담자가 그토록 미워하는 대상에게 형태와 형상을 부여해 상징적인 대화를 나눌 수 있도록 점토 재료를 제안해 볼 수 있다.

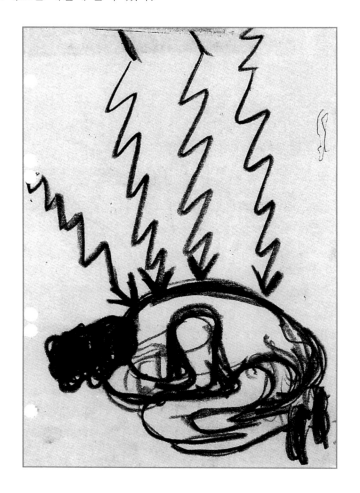

🐦 동적-화살

다음의 그림을 그린 남성은 자신의 '위기-공포'(머리 주위를 맴도는 소용돌이)와 우울증(네모 상자)에서 더 나은 삶의 느낌, 자기 주위에 자유로운 공간이 있는 비전을, 그리고 그쪽을 향해 동적 화살을 그려 넣었다.

🐦 슬픈 인물

43세의 남성이 한 인물의 형상을 그렸다. 이 형상은 아주 나약해 보이고 거의 나체다. 공기를 빨아들인 것 같은 홀쭉한 어깨 하며 포개진 양손과 발은 이 형상이 어찌할 바 모르고 '침몰되어' 있을 뿐만 아니라 마치 뭔가를 거부하고 있는 듯한 인상을 준다. 이 인물은 일종의 계란껍질 같은 것에 싸여 감금되어 있다. 우울한 퇴행적 그림이다. 그리고 검은 구름까지. 이 검은 구름은 그 아래 서 있는 인물에게 막다

른 골목, 즉 표지판에 사선으로 표시된 빗장과 같은 역할을 하는 것이
아닐까?

"정지!" 구름이 말한다. "너는 바로 설 수 없어! 나는 남아 있는 여분
의 자리에 너를 꽉 눌러 버릴 거야! 너는 네 자신 속에 감금되었어! 비
상구 없음!"

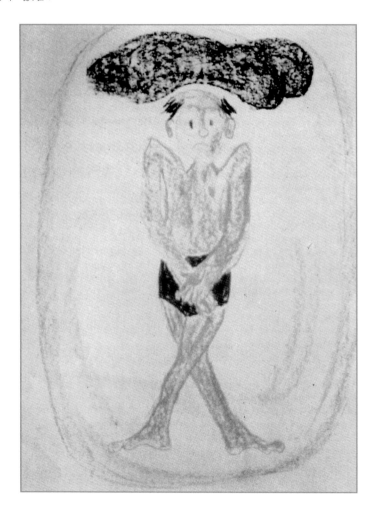

🐦 자신의 형태화

이런 경우, 미술치료사는 다른 재료로 넘어갈 수 있다. 더 나은 재료로 점토를 제안할 수 있다. 손수 형상을 빚을 수 있는 재료를 손으로 느낀다면, 만약 내담자가 자신과 재료를 감각적으로 지각한다면, 그리고 마치 저절로 변하는 것 같은 형태를 느낀다면, 바로 그 순간 내담자의 '원본능(id)'도 저절로 자유롭게 느끼게 되고, 이를테면 감정이 살아 있는 활기찬 삶을 되찾을 것이다.

이런 방법으로 자신을 형태화하면서 내담자는 계란껍질을 깨고 나와 현실에서 자유롭게 삶을 살아갈 수 있을 것이다.

🐦 관 속의 가짜 죽음

특히 인상적인 위기-우울증의 상징은 관 속에 있는 인물이다. 관 주위는 모두 닫혀 있다. 관 속 인물의 똑바른 자세는 마치 포기한 듯 와해되어 있다.

앞의 그림을 그린 50세의 여성은 심한 좌절감을 겪은 후 성 생활에 대한 모든 희망을 포기했다. 말하자면 잠복기로의 성적 퇴행이 일어난 것이다. 『백설 공주』 동화의 장면은 당시 이 여성의 영혼상태를 반영한 것이었다. 그녀는 체념한 것처럼 보인다. 내담자의 말보다 이러한 그림이 어쩌면 더 많은 내용을 알려 주는 게 아닐까?

🐦 자 원

이 그림의 자원은 차오르는 달과 먹음직스러운 붉은 사과(파손된 감각적인 것의 상징)다. 거기다 관의 윤곽선은 군데군데 끊겨 있어서 한참을 바라보고 있노라면 사이사이 틈새가 벌어질 것 같은 느낌을 준다. 미술치료사는 바로 이러한 '틈새가 벌어질 듯한 위치'에 접근한다. 다시 말해, 미술치료는 자원에서 출발해야 한다.

치료사는 내담자에게, 그녀가 상징적인 차원에서 무의식적으로 또다시 그 남자를 초대하였고 그녀 가까이 다가오는 것을 허용하고 있다고 조심스럽게 지적해 주어야 한다. 그림에 그려진 유리상자의 관역시 여성성의 상징이다. 그리고 이 그림에서 볼 수 있듯이 유리상자속으로 돌출된 사과 꼭지는 음경의 상징이다. 그리고 사과—고유의 감각적인 상징—는 관과 그 관 속에 가짜로 죽어 있는 여자와 같은 붉은색이다.

🐦 부활 상징

수용적 미술치료 관점에서는 내담자에게 (가짜) 죽음 문제에 대해 신화에서 등장하는 변화를 인식할 수 있도록 그림을 제안할 수 있다. 이집트의 아비도스(Abydos) 신전에는 죽은 오시리스(Osiris)의 척추,

일명 드제드 기둥(Djed-Pfeiler)을 이시스(Isis) 여신과 세티(Sethi) 1세
왕이 함께 다시 바로 세우고 있는 장면을 볼 수 있다. 말하자면, 죽은
자의 삶을 다시 부활시키는 것이다.

9. 출구 앞의 양가감정

가끔 어떤 그림에서는 문제가 어떻게 해결될 수 있는지 아주 명확
하게 예측할 수 있다. 문, 복도, 좁은 통로는 막다른 골목에서 빠져나
오기 위해 내담자가 가야만 하는 방향을 지시해 준다. 미술치료사는
그림에서 영혼이 내담자에게 제공하는 이러한 경이로운 대안을 보게
되지만, 실망스럽게도 내담자가 이 대안을 택하지 않을 수 있다. 모든

것이 옛날 그대로 머문다. 그러면 그림에서 제시하는 출구는 '허탕'이란 말인가?

그림에 속고 있는가

내담자 스스로 그림에서 방향과 목적지를 그렇게 명확히 표현했음에도 다시 과거의 늪에 빠져 버리는 이유는 무엇인가? 혹 내담자가 치료사에게 잘 보이기 위해 그저 안일한 면만 반영해 보여 준 것일까? 아니면 의식적이든 무의식적이든 자신과 다른 사람이 우선 편안하라고 한 가닥 빛을 비춰 보이는 걸까? 아니면 결정을 잠시 미루기 위해 마치 '그런 것처럼' 그린 것일까?

영원한 유아

입시공부를 하는 24세의 청년은 가족치료에서 다음 그림을 그렸다. 2년 전부터 그는 전문 직업교육과정 중 하나를 선택해야 하는 결정을

미루고 있었다. 그는 실직했거나 돈이 떨어졌을 때 매번 우울증에 시달렸으며, 그때마다 이혼한 부모가 그에게 돈과 '숙소'를 조달하곤 했다.

내담자는 마치 자신이 아버지와 어머니를 재결합—그의 어릴 적 꿈—시킬 요량인 듯 그림의 아래쪽에서 팔을 쭉 뻗고 있다. 실제로 그가 우울증을 겪을 때마다 세 사람의 가족이 함께 만났다. 그는 '병으로 얻은 이득'으로 양쪽 부모와 함께 지낼 수 있었다.

🐦 가로막힌 문

내담자 자신의 삶으로 향하는 어두운 문은 일종의 '자장(磁場)'에 가로막혀 있다. 자기 책임에 대한 불안과 부모(어머니 M I과 아버지 V I)에 대한 애착은 내담자의 모든 에너지를 앗아가고 자신의 문으로 가는 것을 방해했다. 늘 그랬듯이 모든 것이 항상 그대로였다. 이 청년은 스스로에 대해 아무 책임도 지지 않으려 했고 또 그렇게 할 필요도 없었다.

🐦 퇴행적 가족역동과 진보적 가족역동

얼마 후 이 가족들은 다시 가족치료에서 함께 만났다. 청년은 다시 자신과 문을 그렸다. 하지만 이번에는 문으로 가는 통로가 뚫려 있었다. 필자는 이제 부모들에게 나무인형(41쪽)에 자신을 대입시켜 아들의 그림에 각자 자리를 정해 보라고 했다.

그들이 선택한 자리는 정말 놀라웠다. 그들은 처음 그림에서 아들이 부모들을 그린 바로 그 자리에 자신들의 나무인형(M II와 V II: 문으로 통하는 길에서 내담자를 보호하고 감시하는 사람들)을 세웠다.

그러자 이 청년은 이 부모인형들을 가져가서 손 안에 넣고 한참을 흔들었다. 그러고는 자기 뒤편 화면 밖에 그들을 세웠다(M III과 V III).

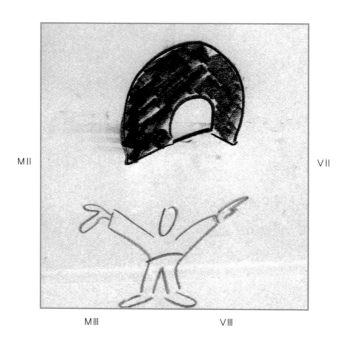

MⅡ   VⅡ

MⅢ   VⅢ

출구는 보이지만 그 방향으로 가지 않다

다음 그림을 그린 여성은 32세로 헤어진 남자친구(그림에 술집에서 맥주를 마시는 남성)에게 특별한 애착을 가지고 있다. 예속을 상징하는 쏟아지는 눈물과 탯줄이 그녀를 지탱하고 있다. 그녀는 남자친구 없이 자신의 자율적인 삶을 개척한다는 것을 꿈에도 생각하지 못하는 듯 보인다. 그녀는 눈앞에 있는 벽을 느꼈는데, 그림에 보이듯이 이 벽에는 문이 있고 해결의 길이 열려 있다.

이 그림은 진단적이고 예후적인 면에서 몇 가지 특별한 사항을 보여 준다.

① 상징적으로 표출된 이 인물의 애착과 복합적인 문제들, 다시 말해 내담자가 처한 심리사회적 위기 상황은 이 그림의 9/10 정도를 차지하고 있지만, 해결을 상징해 주는 공간과 내담자의 자율성을 암시하는 그림 오른쪽 부분은 그림의 1/10 정도밖에 되지 않는다.

② 그림의 9/10 정도를 차지하는 부분은 복잡한 심리적 문제들을 상징하는 부분으로 주의 깊고 세밀하게 표현되어 있다. 그림 아래

오른쪽(1/10) 공간은 내담자의 미래를 예견할 수 있는 부분으로 해결책이 되는 자율적인 삶의 가능성을 보여 주지만 흐릿하게 그려져 있고 세부적인 표현도 볼 수 없다.

③ 그림을 잘 그리는 이 내담자는 특별한 원근법을 선택하여 뒤편의 배경은 크게 그리고, 앞에 있는 사물들은 마치 금방 사라질 것처럼 작게 그렸다. 내담자가 문을 통과하려고 남자친구에 대한 애착과 이별의 고통을 죄다 떨쳐 버린다 하더라도 그림의 원근법으로 인해 그건 허용되지 않을 뿐더러 불가능하다. 보다시피, 저렇게 큰 여성이 어떻게 저 작은 문을 통과할 수 있겠는가?

④ 예후적인 의미에서는 이 여성이 가려고 서 있는 방향은 적절하다. 문을 향해 바로 걸을 수 있기 때문이다.

우리는 이 사례에서 그 누구든 위기에 부딪혔을 때 적용할 수 있는 보편적인 사항들을 알 수 있다.

양가감정의 출현은 불가피하다. 다시 말해, 내담자는 한편으로는 위기 상황에서 빠져나오고 싶어 하지만, 다른 한편으로는 그 상황에 그대로 안주하기를 바란다. 그들은 우울하고 실패했고 정체되었기에, 그리고 친구들마다 "너는 거기서 빠져나와야 해!"라고 충고하기에 그 상황에서 벗어나고 싶어 한다.

동시에 그들은 그 자리에 머물기를 원한다. 왜냐하면 이미 몸에 밴 태도는 익숙하고 편하지만 미지의 것, 자유롭고 자율적인 것은 두렵기만 하기 때문이다. 그래서 종종 몇 년이고 머뭇거리며 망설이다가 어떤 변화도 이루어 내지 못한다.

🐦 전망 없는

다음 그림을 그린 42세의 남자교사는 5일간 진행되는 미술치료 워크숍에 참석하기 위하여 다른 도시에서 왔다. 그가 처한 위기 상황은 다음과 같다. 수학 교사라는 별로 내키지 않는 직업 대신 농사나 지으려고 외국에 사 놓았던 논밭이 폭풍우로 재해를 입었다.

자신이 싫어하는 직업을 어쩔 수 없이 계속해야만 하는 것일까?

그림을 그릴 수 있는 시간이 더 이상 없을까?

어떤 방향이든 앞길이 모호하고, 막다른 골목에 봉착했다는 생각만 든다.

🐦 첫째 날 그림

어둠, 우울, 무거운 생각들이 머릿속을 온통 짓누른다. 단 하나, 어슴푸레한 한 줄기 빛처럼 남아 있는 희망은 치료 상담을 받는 일이었다.

🐦 호텔에서 그린 둘째 날 그림

그는 빨간 셔츠를 입고 있다. 이 색은 에너지의 증가를 암시한다.

🐦 호텔에서 그린 셋째 날 그림

빳빳하게 세워진 목 칼라(판타지) 덕분에 그는 엉금엉금 기어다니며 가까스로 동굴 같은 공간에 출구와 공기를 만들 수 있었다. '끝과 비슷한 목재 연장'에서 우리는 일종의 보조 자아, 더 첨가된 척추를 볼 수 있는데, 이것 역시 치료사의 도움을 상징하고 있다.

🐦 신화적 공명

이집트 신화에 유사한 주제가 있다. 공기의 신 슈(Schu)는 대지의 신 갭(Geb)과 동맹을 맺고 하늘의 여신 눗(Nut)을 없앤다. 그리고 하늘천 막을 만들었는데, 그가 아치형의 하늘을 위로 떠받치는 동안 공기가 창조되었다.

🐦 마지막 날의 최종 그림

여기서 우리는 그림에 표현된 출구가 단지 바라보고 있는 정경임을 알 수 있다. 통과지점의 문턱에서 가지게 되는 불안과 양가감정들에 대해 우리는 이미 알고 있다. 그러므로 그림에서 예측할 수 있는 치료 결과는 충분히 관찰되어야 한다. 이 내담자는 현실을 다시금 유심히 살펴보기 시작했고 그런 가운데 자신의 상황과 대면하게 되었다. 논 밭과 학교수업의 내용들이 상징적으로 그의 눈앞에 전개되었다. 그는 조심스럽게 다시 자기 삶을 찾기 시작했다.

🐦 누운 채로 아니면 일어나서?

29세의 남성이 일 년 간격으로 그린 두 장의 그림에서 매번 문이 나타났다(312쪽, 314쪽 그림).

🐦 통로 차단(312쪽 그림)

"사자가 길에 누워 있습니다. 그 뒤에는 맹수를 훈련시키는 조련사가 서 있습니다. 이 그림을 바라보노라면 항상 나를 어린아이로만 생각하는 어머니가 생각납니다." 생각에 잠겨 오랫동안 그림을 바라보다 내담자가 말했다.

🐦 초월적 영역에 있는 문

그는 종종 원형적인 만다라 상징에 대한 꿈을 꾸곤 했다. 이런 꿈 상징들은 일반적으로 꿈꾸는 사람이 정신적 세계로 통하는 직접적이거나 거의 무의식적인 통로를 가지고 있음을 의미한다.

정신적인, 신화적인 그리고 초월적인 것들은 종종 그림의 왼쪽 위 영역에 나타난다. 이 그림의 왼쪽 위에 그려진 문은 앞으로 전개될 치료과정에서 내담자가 곧 정신적 세계로 진입하게 될 것을 암시하고 있다. 이 그림은 다른 한편으로는 현실적인 인간관계, 여기서는 내담자와 어머니의 관계문제가 해결되지 않은 상태에서 영성문제에 전적으로 몰입하는 폐쇄적인 태도가 얼마나 미심쩍은 행위인지 명확히 보여 준다.

이 그림에서 필요한 단계의 순서를 추론할 수 있다.

🐦 통로 개통(314쪽 그림)

대략 1년 뒤쯤, 이 내담자는 동화그림을 하나 그려서 집단 참가자들에게 보여 주었는데, 그는 1년 전 본인이 그렸던 그림에도 문이 있었음을 기억하지 못했다. 지난 1년간 이 내담자는 이런저런 고통스러운 경험을 통해 많은 깨달음을 얻었다. 그는 어머니로부터 점차 독립했다.

🐦 다시 태어나다

이 그림에서 그는 이제 모성의 '궁전'을 등 뒤로 두고 자신의 삶 한복판에서 힘차게 말을 타고 달리는 것처럼 보인다. 그는 모성의 성 주위를 굽이쳐 흐르는 하천과 매듭고리, 또는 올가미 모양을 한 도랑으로부터 이제 탈출한 것이다. 첫 그림에서 어머니 조련사의 손에 쥐어져 있던 음경 막대기는 이제 내담자의 검이 되어 그의 남성적 힘을 상징하고 있다.

🐦 도약

다음 그림을 그린 32세의 여성은 다음 달 초에 아주 떠나게 될 자기 집 문간에 서 있다. 그림에서 이 여성은 무엇을 하고 있는가?

그녀는 불타는 바퀴를 잡고 있고, 사자가 이 바퀴 안으로 막 뛰어넘으려 하고 있다. 그러나 이 사자는 틈새에 걸려 있다. 사자는 점프했지만 아직 내려오지는 못하고 있다. 사자는 무사히 내려올 수 있을까?

그림을 그린 여성은 이제 곧 남자친구와 함께 새 집으로 이사한다.

그녀는 거주지를 옮길 예정이다. 독일 남쪽 도시를 떠나 남자친구가 있는 북쪽 도시로 이사 가는데, 마음이 무겁다. 그녀는 이 그림을 그리고 하루가 지난 뒤, 불타는 원 사이로 점프해 뛰어드는 사자가 자신의 용기임을 깨달았다. 그녀는 자신을 가로막는 장애, 불안, 막다른

골목에서의 망설임 등 자신감이 결여된 이 모든 걱정거리를 체험하고 이제 그 속으로 뛰어든다.

🐦 포복 통과의례

이 장면은 거의 예배의식과 흡사하다. 이는 뿌리 틈새 혹은 돌에 패인 구멍으로 기어 들어가는 아주 오래된 옛 의식을 떠올린다.[51]

부당하게도 종종 미신이라 일축해 버리는 이러한 의례들은 탄생과 치유의 심층적 의미를 담은 상징적 행위다. 환자들의 그림에서 가끔 무의식 속에 침전되어 있는 이런 지혜를 접하곤 한다. 영혼이 기억해 내는 것이다. 영혼에 의해 이런 것들이 형상화되고 놀랍게도 새로운 방식이나 옛 방식으로 표출되는 것이다.

🐦 전통적 의례 거부

그리스 여성 환자는 여러 차례 정신병적 발작을 일으킨 적이 있으며, 죄책감에 시달리고 있었다. 그녀는 세 살 무렵, 성 금요일 전례에 참석하기를 거부했는데, 이 예배의례에선 마을 사람들이 등을 완전히 굽혀 신성한 제대 밑으로 기어가야만 했다. 굴욕적으로 느꼈거나 아니면 그저 재미를 느끼지 못해서 아이가 그것을 거부했을 때, 그녀의 어머니는 이건 불길한 징조라고 말했다. 이틀이 지난 뒤 어머니는 그녀의 여동생 출산과 관련하여 하혈을 시작했다.

🐦 의례를 만회하는 미술치료 작업

미술치료에서 이 환자는 먼저 제대를 점토로 만들고, 마을 사람들을 상징하는 나무 형상들과 본인을 상징하는 예쁘고 몸을 굽힐 수 있

는 무대 인형이 함께 제대 밑을 지나가도록 함으로써 그녀의 죄책감
으로부터 벗어나 결정적인 해방감을 느끼게 되었다.

이러한 의례를 치료적으로 만회하는 상징적인 의미는 이 환자의 죄
책감을 떨쳐낼 수 있도록 했을 뿐만 아니라, 드디어 그녀가 옛 그리스
의 성 금요일 전례에 순종할 수 있도록 만들었다. (내면의) 어머니에게
도(!) 이런 방식으로 부활을 위한 길을 열 수 있었다(성 금요일 전례는
부활, 즉 새로운 삶을 맞이하는 의례다!).

🐦 이교적 풍습의 잔여물

아메리(C. Amery)[52]는 저서 『크립타(Krypta: 교회 지하실)의 비밀』에
서 이와 유사한 예식을 설명하고 있다. 내담자는 청소년기에 일종의
종교의식에서 제대 밑을 더듬어 통과해야 했다. 아메리는 이러한 예
식들을 이교도적 의례의 잔여물로 보았다. 고대 인간들은 식물뿌리
속으로 기어들어가 자신의 고통을 흙 속에 묻었다.

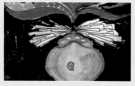

Chapter **3**

정신적 장애의 타개책

정신적 장애의 타개책

1. 심층에 놓인 '정신적 핵심'

이 책에서는 미술치료의 그림에 반복하여 나타나는 차단들이 신체와 심리 또는 정신적 세계나 사회에서 야기되는 혼돈임을 입증했다. 필자는 숱한 사례를 통해 그림에 나타나는 다양한 형태의 차단을 종종 경험했음에도 미술치료 과정의 그림에서 내담자의 정신적 존재나 마음 그리고 존재의 고유성에 의해 이러한 장애가 자연스레 밝혀지는 현상에 매번 다시금 감격하곤 한다.

🐤 동화 장면의 정신역동
열흘간 집중적으로 진행되는 자기경험 위주의 집단미술치료에서는 동화그림에 대한 작업도 이루어진다. 이 집단미술치료에서는 첫

날부터 참여자들이 각자 동화 장면을 그리고, 그 장면에 적당한 제목을 적어 넣는다. 이렇게 주제를 적게 하는 취지는 사람들마다 가지고 있는 전형적이고 고유한 삶의 주제와 그것의 정신역동을 재인식시키거나 의식화하는 데 있다.

🐦 구름 속으로 달리다

40세의 여성은 어릴 때 가장 좋아했던 동화를 기억해 냈다. "이 9호선 '노란색 작은 전차'는 땅에서 하늘의 구름을 향해 날 수 있습니다. 전 가끔 장엄한 목표를 상상하는데, 일종의 정신적 고공비행입니다……."라고 말했다(325쪽 그림). "예를 들면, 전 아이를 갖고 싶은데 제 파트너는 아이를 원하지 않아요. 그래서 저는 이 그림에서처럼 구멍으로 추락합니다."(왼쪽의 검은색을 가리켰다.) "실망한 저는 더 이상 살고 싶지 않아요."

🐦 점점 기우는 달 방향으로 달리다

그림에서 전차는 달이 기우는 화면의 왼쪽 위로 움직이고 있다. 달의 주기는 일반적인 의미에서 여성의 주기나 삶의 주기를 단계별로 상징한다. 그림에서 전차는 지금 위험이 도사린, 기우는 달(나이가 들면서 감소되는 수용능력을 상징할 수도 있다)과 마주하고 있다.

🐦 대본을 상징하는 선로

전차는 노란색의 넓은 선로 위를 달리고 있는데, 이 선로는 왼쪽 윗부분이 차단되었고 검은색의 '구멍' 앞에서 끝이 난다. 선로는 자주 곤경에서 빠져나오지 못하는 진퇴양난의 길을 상징하는 대본이다.

🐦 초월적 영역에서의 좌절

그림의 오른쪽 아래에서 왼쪽 위로 달리는 전차의 방향은 인생사에서 고통스러운 운명(외로움과 버림받음)을 극복하기 위해 영성적 주제에 몰두하는 내담자의 성향을 암시해 준다. 그녀는 혼자서 점성술, 미신, 밀교 등 다양한 분야의 온갖 책을 섭렵하여 지식을 쌓아 왔다. 이 그림에서는 땅에서 벗어나는 움직임을 통해 내담자의 '좌절'을 엿볼 수 있다. 이는 또한 내담자가 현실적인 삶(땅에서)이 요구하는 규칙에서 벗어나 영성적 주제에 집중함으로써 생긴 균열과 연관될 수 있음(161쪽 삶의 파노라마와 비교)을 암시한다.

🐦 그림의 예언이 이루어지다

필자는 이 내담자가 자기경험 미술치료 과정의 초기단계에 있었기 때문에, 그림을 통한 심층적인 자기표현과 그림을 보는 관점에 아직 익숙하지 못한 점을 존중해 주었는데, 그다음 치료 회기에서 그녀는 첫 동화 그림에서 그린 바로 그 구덩이(우울)에 빠져 버리고 말았다. 집단 참여자들은 아기를 갖고 싶어 하는 그녀의 정체된 꿈과 파트너에 대한 '술책'에서 이 꿈과 관련된 그녀의 미심쩍은 태도에 대해 검토했다.

우울증 위기는 결국 이 여성이 미술치료를 포기하고 집단에서 떠나고 싶은 마음을 들게 했다.

🐦 불안 구멍으로 추락

그녀는 오른쪽 위에서 왼쪽 아래의 구멍으로 떨어지는 폭포수를 그렸다. 이 그림에서 보다시피, 톱니 모양의 산봉우리는 그녀의 지적이고 야심적인 보호-방어구조들을 상징하고 있는데, 그녀는 바로 이 수준에서 외로움과 절망으로 가득했던 어릴 적 암울한 감정의 수렁 속으로 추락하고 말았다.

🐦 오른쪽 위에서 왼쪽 아래로 떨어지는 폭포수를 진지하게 수용

내담자의 우울한 위기와 퇴행적인 경향들은 매우 진지하게 받아들여야 할 부분이다. 위에서 아래로 떨어지는 물의 흐름은 왼쪽에서 오른쪽으로 흐르는 삶의 흐름과 대립된다. 비교하자면, 이것은 문화의 산물인 문자와 흡사한 면이 있다. 이는 가끔 자살에 대한 생각일 수 있으며, 또는 물 색깔이 빛 바랜 푸른색일 때는 죽음에 대한 접근을 암시할 수도 있다.

🐦 씨앗으로 향하는 타개책

내담자와 필자는 그림을 가지고 조용한 정원 한구석에 자리를 잡았다. 필자는 내담자에게 새 종이를 주고, 그것을 그림 아래쪽에 잇대게 했다. 그리고 검은 구덩이가 실제 얼마나 깊은지 유심히 관찰하게 했다. 그녀는 검은색 분필로 도장을 누르듯 힘주면서 분필이 부러질 때까지 자신의 죄책감, 메울 수 없는 분열을 검게 그려 나갔다.

"더 깊게." 필자가 말했다. "더 깊게……." 그녀는 계속 새 종이들을 잇대어 나가며 이 검은 심연 밑으로 더욱 깊숙이 내려갔다. 내려갈수록 검은 선은 점점 더 멈칫거리고 부드럽고 가늘어졌다. 그러고는 그녀가 말했다. "그래요, 땅속에는 지층들이 있고 그 땅의 중심에는 씨앗이 있을 거예요." 그리고 주황과 노랑, 밝은 갈색으로 땅의 중심을 칠했다. 고유한 자기 존재의 중심이다. "저 아래에 빛이 있을 거라곤 전혀 생각지 못했어요." 내담자가 감격한 듯 말했다.

🐦 아하 경험

이 그림과정은 자갈이 깔린 편안한 야외(책상이 아닌)에서 종이를 하나씩 차례차례 잇대어 그려 나가는 작업이었다. 그러던 중 돌연 위, 아래가 하나로 합쳐졌고, 그것이 곧 아하 경험의 순간이 되었다.

내담자의 존재에 깃든 지적이고 밀교적인 지식들, '진정한 천국'과 깊고 고유한 자기 씨앗, 신성한 섬광들이 하나로 통합되었다. 바로 그 순간 우울은 사라졌고 내담자는 미술치료 집단에 계속 남아 있었다.

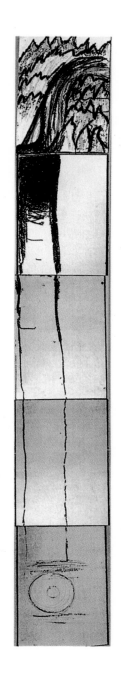

🦋 그림에 장악되다

이처럼 그림이 내담자를 순간적으로 전혀 다른 사람으로 변화시키는 것은 도대체 어떤 '기적'인가?

필자는 미술치료 진행에서 매번, 점점 더 자주 체험할 수 있었던 이러한 현상에 대해 다음과 같은 입장을 가지게 되었다.

① 놀람의 순간: 예기치 못한 어떤 것이 이미 진행 중인 삶의 구조에 순간적으로 나타난다.
② 전체적 이해: 순간의 힘은 이해력을 능가한다. 분열, 차단, 억압된 무의식이 순간의 뒤흔들림과 진동 속에서 추진력의 에너지가 된다.
③ 이원성 초월·상승작용: 짧은 간격으로 하나씩, 거의 동시에 시각적으로 완전한 대조를 이루는 그림들은 그 순간에 이성의 이원성을 붕괴시킨다. 부정과 긍정의 양극의 합이 이루어짐으로써 초월적이 된다.

미술치료에서 접하는 이러한 '기적'을 수학 양식 틀에서는 상승작용 과정(Molzberger)의 의미로 해석할 것이다. 이 두 극단이 하나의 합을 이루기 전에 극심한 혼란이 일어나기 마련인데, 이는 잠시 당황해하는 내담자의 얼굴표정에서 알 수 있다. 이러한 혼란상태와 다음 단계로의 결정적인 비약 앞에서 갈피를 잡지 못하는 동요는 전형적인 상승작용 과정(Synergieprozess)을 보여 주는 것으로, 우리는 이러한 현상을 물리나 화학, 생물 그리고 혁명 전야에서 찾아볼 수 있다. 상승작용으로 전환되는 순간은 불쑥 찾아온다. 이러한 상승작용 과정에는 하나의 분기점이 있는데, 이 분기점에서 체계, 즉 우리의 경우 생리심리 체계가 위로 아니면 더 낮은 상황으로 퇴행할 것인지를 '결정'하는 순간이다(Molzberger[53]).

상승작용-원형

이러한 상승작용 과정은 역시 원형의 일종으로, 이 현상이 나타날 때마다 항상 유사하게 진행되는 것으로 보인다(Osten[54]).

④ 깨달음/자아-자유: 첫 그림에 그려진 과거의 형태에서 벗어나는 것 그리고 '옛' 그림이 '새로운' 그림과 양극으로 대립하여 일으키는 충돌은 바로 깨달음의 현상에 속하는 자아-자유를 일시적으로 만들어 준다. 그림에서 받는 이러한 인상은 내담자에게 영원히 초월적인 경험으로 각인된다.

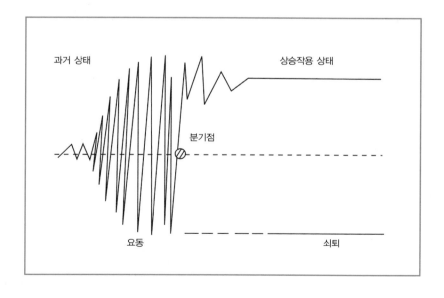

🐦 다음 장

그림 작업도 함께 이루어지는 이틀간의 종결 명상 시간에 참여자들은 자신들의 동화책 1부에 이어 2부의 책 표지를 그렸다.

다음 그림을 그린 여성은 바로 전에 경험한 것을 그리고 있다. 보호구조와 방어구조들로부터 벗어나 중심으로 추락하는 것을 노란색의 작은 전차와 승객들로 상징화하고 있다.

🐦 불안 차단

이 그림은 불안과 과거의 슬픔과 외로운 감정들이 검은 차단의 형태로 자기중심을 향해 '자유낙하'하는 것을 명료하게 보여 준다. 그리고 이 그림은 집단 참여자들과 치료사가 동행하여 내담자가 궁극적으로 자기 자신을 찾기 위해서는 스스로 이러한 불안과 우울을 극복해 낼 수밖에 없다는 사실을 밝혀냈다.

🐦 통합되어야 하는 아하 경험

자기 중심과 조우함으로써 자신의 진정한 힘을 발견할 수 있었던 내담자는 인물을 새로운 색(빨강)으로 칠했다. 하지만 '본질'과 자아상 그리고 그에 적합한 신체그림으로 다시 채워져야 하는 인물이 아직도 단순한 선으로만 그려진 몸체가 없는 작은 존재라는 적나라한 사실은, 갑작스러운 아하 경험을 하기에는 아직 부족함을 암시하고 있었다. 다음 중재가 필요했다.

🐦 순 환

그림은 이러한 개인적인 의미 외에도 삶의 보편적인 순환법칙을 보

여 준다. 그리고 모든 만물이 위와 아래가 있는 것처럼. 천상의 무지개 상징과 지하의 자아 상징은 같은 색으로 그려져 있다.

🐦 '영성 치료'로서의 미술치료

놀랍게도 미술치료는 종종 일명 '영성 치료'보다 더 설득력이 있는데, 미술치료에서 즉흥적으로, 거의 무의식적으로 그림에 표현되는 영성 상징들은 정신 영역에 대해 좀 더 넓은 시야를 열어 준다.

2. 접촉방어를 위한 '정신적 주제'

종교적이고 영성적인 성향이 짙은 42세의 미혼 여성이 소녀시절 사귀었던 남자친구와 오랜 세월이 지난 지금 다시 만나기로 약속했다. 그녀는 미술치료에서 이미 오래전부터 둘의 관계에서 항상 친숙했던 '정신적 주제들'에 대해 자주 언급하고 있었다. 하지만 어쩐지 남자친구와의 갑작스러운 만남이 불안하게 느껴졌다.

🐦 지붕 위에서

다음 그림에 그려진 두 사람의 대화 장면은 마치 비현실적인 영역처럼, 지붕 위로 쏘아 올려진 듯 바닥으로부터 '붕 떠 있다.' 수관 아래에 그려진 여성의 머리 위엔 이국풍의 새가 그려져 있고, 남성의 머리 위에는 무질서한 색 뭉치들이 그들의 '정신적 주제에 대한 대화'를 방해하고 있다.

🕊 중심을 향한 즉흥적인 전환

다음 날 그녀는 밤새 다시 자신의 그림에 대해 곰곰이 생각해 보았는데, 두 사람이 의지하고 있는 나무에 뿌리가 없음을 깨달았다고 말했다. 그런 다음 즉흥적으로 나무 기둥을 연장시키고 뿌리 대신, 아니면 뿌리로(!) 노란색의 태양을 그렸다. "나는 아마도 이번 만남에서 쓸데없는 밀교적인 대화보다는 좀 더 깊은 관계가 될 것을 기대한 것 같아요."라고 그녀가 말했다. 그러고는 아무렇지도 않게 나무 기둥 옆에 새끼 돼지 한 마리를 그렸다. 자세하게 설명하지 않고 "이 돼지는 남동생과 관련이 있어요……."라고 중얼거렸다.

🕊 '내면의 태양'에 연결되는 것을 차단한 어릴 적 트라우마

이 그림은 '현실과 동떨어진' 영성이 심층에 깔린 어린 시절의 성적 문제를 방어하는 수단으로 어떻게 발전될 수 있는지, 그리고 만약 내담자가 즉흥적으로 그린 자기 그림을 통해 자신을 차단하고 있는 장애물이나 자신의 깊은 핵심에 다가가게 된다면 그것이 얼마나 치유적일 수 있는지를 보여 준다.

3. 타개책

이처럼 순식간에 고유한 '자기 중심'에 이르는 타개책은 미술치료나 치료사의 덕분이라기보다는 삶 그 자체다. 엄청난 동요를 불러일으키는 이 순간적인 격동은 불현듯 내담자를 전혀 예상치 않은 삶으로 인도한다. 더 앞으로, 더 넓게, 더 깊이, 더 관대하게, 더 간단히, 더 진정한 것으로…….

🐦 결정적 경험

50세의 여성은 신체그림 장면을 그렸다. 이 그림에는 그녀가 18세 때 자동차에서 차로로 튕겨 나간 교통사고 현장이 표현되어 있었다. 자동차 창문만 깨진 것이 아니라 그때까지 보호받던 그녀의 삶, 자신의 온실 속 세계도 같이 파괴되었고, 소녀는 이 사고로 사경을 헤맸다.

🕊 죽음에 가까운 경험

그림에서 인물의 몸은 마치 그림자만 남은 것처럼 보인다. 그림에서 느껴지는 기운은 자동차 전면 창 너머 저편에 그려진 빛뿐이다.

🕊 균 열

삶에서 이러한 결정적 경험은 인간의 이성으로 조화롭게 짜맞춰 놓은 모든 구조를 와해시킨다. 믿음, 이상, 기대…….

지금까지 머릿속에 가지런히 정돈되어 있던 그 모든 '허구'의 세상 앞에 진정한 삶의 지혜가 샘솟아 오른다. 그것은 경이롭다.

🕊 소 명

이 '충격'은 훗날 그녀가 사람들을 돕는 직업을 선택하는 계기가 되었다.

4. 영성적 상징

우리에게 이미 잘 알려진 영성적 상징, 예컨대 십자, 알, 원, 세모, 중앙, 심장, 무지개, 은하계, 빛뿐만 아니라 이 외에도 의미심장하고 복합적인 의미를 가진, 암호 같은 그림요소나 상징 역시 영성적 측면을 가질 수 있다.

이러한 상징이 그림에 나타나면 다음의 사항에 유의해야 한다.

① 정신역동적 맥락에서 영성적 상징은 어디에 있는가?

- 상징이 광채로 빛나는가? 상징이 해결이나 전환으로 유도하는 가? 화면 위의 왼쪽 영역에 그려진 상징을 특히 유의해서 보아 야 한다.
- 상징이 실제 문제의 핵심에 집중하는 것을 방해하는가?
- 상징이 그림에서 어떤 부분을 은폐하는가(자기경험 중심의 집단 치료에서 초기 그림에 이러한 영성적 주제가 지배적일 때는 특히 이 점을 의심해 보아야 한다.)?
- 그림에서 영성적 상징은 통합되었는가 아니면 분리되었는가?/ '접근이 가능한가' 또는 '전혀 불가능한가?'

② 선택된 상징이 내담자에게 어떤 개인적 의미가 있는가?

③ 그림에 나타난 상징 중 초월적(원형적) 의미를 가진 상징은 어떤 것인가?

④ 영성적/정신적/우주적 세계에 대한 내담자의 수용태도는 어떠 한가?

- 명백한 사실은 내담자가 금방 깨닫는다. 내담자의 밝아지는 표정에서 그 흥분을 읽을 수 있다. 그것에 대한 암시만으로도 내담자는 분명한 기운을 얻는다.
- 지적, 비판적인 신중성은 내담자가 자신의 그림에 제시된 대안을 신뢰하는 데 방해가 된다.
- 방어: 내담자 스스로 정신영역에서 제안하고 있는 대안을 거절한다든지 아니면 다른 것을 표현하려고 우기는 경우, 대부분 내담자의 과거사에서 종교적 영역 또는 종교적 주제가 미친 부정적인 영향을 찾아낼 수 있다(종교 기숙학교 생활 등).

🐦 죽음을 동경하는 태양

33세의 젊은 여성은 뇌종양을 앓고 있었다. 그녀는 죽기 4일 전에 다음 그림을 그렸다. 모든 에너지(파랑)가 그림 왼쪽 위의 초월적 영역, '예민한 곳'으로 돌진하고 있는 듯하다. "이것은 태양이지만, 종양이기도 하고 죽음의 문이기도 합니다. 이제 전 준비되었어요……." 라고 내담자는 말한다.

"그래요, 그럼 태양이 뭐라고 할까요?"

"죽음의 태양은 이렇게 말할 거예요. 어서 오세요, 나는 당신이 저 너머로 갈 수 있도록 여기를 지나가게 할 거예요."

5. 이차 문제해법

미술치료사가 그림에서 영성적 상징이 있음을 알아차리는 순간(첫 번째 단계), 적절한 시기에 그 상징이 모습을 드러내도록 요구하고(두 번째 단계), 상징이 스스로 표명하는데(세 번째 단계), 이러한 단계를 거침으로써 소위 (문제) 해결에 종종 이차 해법이 제공된다.

바츨라비크(Watzlawick)[55]로부터 유래하는, 점 아홉 개를 정사각형 모양으로 배열하고 끊어짐 없이(연필을 떼지 않고) 4개의 직선만으로 모든 점을 연결시키는 유명한 문제가 있다. 이 문제를 '습관적인' 방법으로 풀어 보려 하면 마치 자신이 이러지도 저러지도 못하는 대본 안에 갇혀 있는 듯 느껴진다. 신경은 날카로워지고 시도해 보다가 종이를 뒤집어 다시 다른 방법으로 시도해 보고, 결국 체념상태에 이르게 된다(막다른 골목-우울).

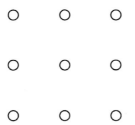 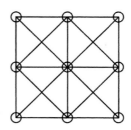

🐦 새로운 여지

이 문제의 해법은 인간이 지금껏 다뤄 왔던 문제들과 그 해법의 범주 틀 안에서 벗어나고 자신의 대본 한계성을 넘어서서 해법 모색에 새로운 여지를 주어야만 비로소 가능하다.

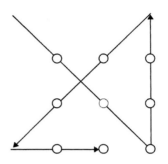

🐦 메타 영역

그림들에 나타나는 정신적 상징들은 종종 지금까지 발을 들여놓은 적도 없고 친숙하지도 않은 확장된 공간에서 나타나는 상징이다. 내 담자나 치료사 혹은 두 사람 다 사면초가에 빠져 버린 상태에서 이런 종류의 정신적 상징은 마치 신에게 묻는 것과 같다. 이러한 메타 영역에서 그림을 그린 사람은 오래 고심하던 문제들에 온전히 새로운 답들을 발견하면서 후련하고 행복한 기분을 느낀다.

23세 여성

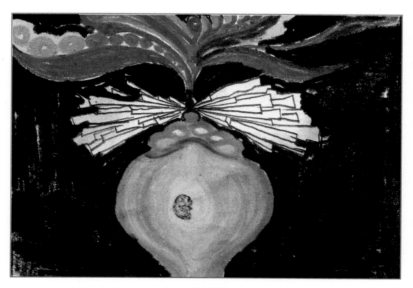

27세 남성

6. 그림의 영성적 발달 상징

일반적으로 자발적으로 그린 그림에서 다음과 같은 영성적 발달 주제를 볼 수 있으며, 미술치료 과정에 이러한 주제를 관련시킬 수 있다.

- 자기 고유의 영성적 중심(씨앗)이 발견되는 주제(346쪽 그림)
- 흥미롭고 매력적인 전망을 예견하는 주제(347쪽 위 그림)
- 집중하게 만들고, 무중력적인, 안도감을 느끼게 하는 주제(347쪽 아래 그림, 348쪽 그림)
- 도와주는 또는 정신적 치유자의 역할을 하는 원형 주제(349쪽 그림)
- 위와 아래, 아래와 위를 연결시키는 역할을 하는 빛의 주제(350쪽 그림)
- 신의 심장을 가져오는 주제(신비스러운 경험)(351쪽 그림)

🕊 겸손과 신뢰

한계가 있는 인간의 이성으로 그림에서 '이 모든 것'을 터득하고 해석할 수 있다고 생각하는 것은 금물이다. 그러므로 다음에 소개되는 마지막 그림들이 우리에게 얼마나 많은 비밀과 정신적 배경들을 누설시키는지 독자 스스로 체험할 수 있을 것이다. 그림을 감상하고 해석하는 우리가 그림의 지배자가 아니라 그림 자체가 그 힘을 가지고 있다.

만약 우리 스스로가 인간의 모든 삶의 중심에 신(우주적)의 심장이 있음을 진정으로 깨닫는다면 이처럼 그림 자체가 해답을 찾아 하나로 통합시켜 나가는 것을 수용할 수 있고, 그것을 신뢰할 수 있을 것이다.

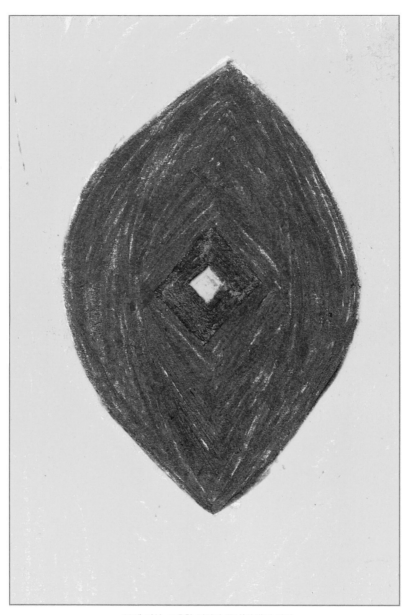

36세 여성, 고유한 영성적 중심(씨앗)의 발견

Chapter ❸ 정신적 장애의 타개책

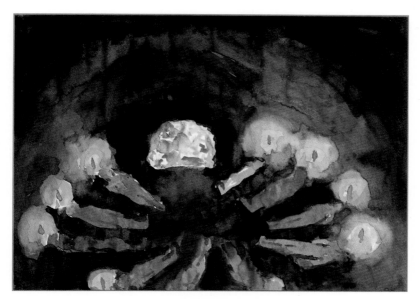

44세 여성, 전망

47세 여성, 물 위로 떠오름

46세 여성, 무중력

23세 남성, 정신적 조력자와 치유자

36세 남성, 위와 아래, 아래와 위를 연결하는 '광선'

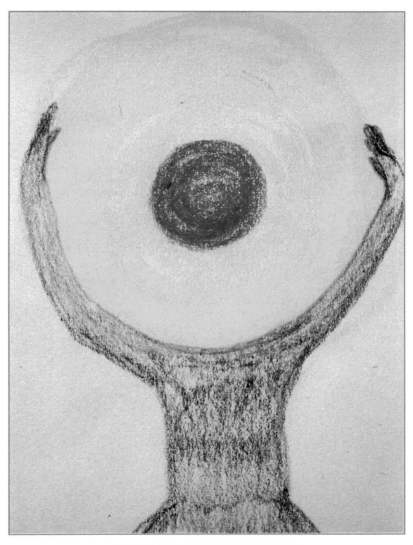

34세 여성, 신의 심장 가져오기(신비스러운 경험)

1) *Capelle, W.* (Hrsg.): Die Vorsokratiker, Kröner-Verlag, 8. Aufl., 1973.

2) *Freud, S.*: Die Struktur der menschlichen Persönlichkeit, Werkausgabe Bd. I, S. Fischer Verlag GmbH, Frankfurt 1978, S. 365 ff.

3) *Simon, F. B.*: Die Form der Psyche, Psychoanalyse und neuere Systemtheorie, Psyche 1/94, S. 50-79, Klett-Cotta, Stuttgart 1974.

4) *Kraft, H.* (Hrsg.): Psychoanalyse, Kunst und Kreativität heute. Die Entwicklung der analytischen Kunstpsychologie seit Freud, DuMont Buchverlag, Köln 1984, S. 31 ff.

5) *Jung, C. G.*: Erinnerungen, Träume, Gedanken, hrsg. von A. Jaffé, Walter Verlag, Olten und Freiburg 1971, S. 182-196.

6) *Schmeer, G.*: Das Ich im Bild, Pfeiffer Verlag, München 1992, S. 32 ff.

7) *Freud, S.*: Jenseits des Lustprinzips, Werkausgabe Bd. I, s. o. S. 201ff und 224 ff.

8) *Vittorini, Elio*: Gespräch in Sizilien, Manesse Bibliothek der Weltliteratur, Zürich 1977.

9) *Saint-Exupéry, A.*: Der kleine Prinz, Karl Rauch Verlag, Düsseldorf 1993.

10) *Perls, F. S.*: Gestalt, Wachstum, Integration, hrsg. von H. Petzold, Junfermann Verlag, Paderborn 1980.

11) *Moreno, J.*: Das Rollenkonzept, eine Brücke zwischen Psychatrie und Soziologie. Integrative Therapie 1/2, S. 17 ff, 1979.

12) *Lowen, A.*: Die Angst vor dem Leben, Kösel, München 1981.

13) *Kelemann, S. K.*: Verkörperte Gefühle, Kösel Verlag, München 1992.

14) *Reich, W.*: Charakteranalyse, Kiepenhauer und Witsch TB, Köln, Berlin 1970, S. 44 ff.

15) *Johnson, J.*: Senoi Traumarbeit-Elemente, auf eine westliche Kultur angewendet, California School for Professional Psychology, San Francisco 1975, Skript.

16) *Epstein, G.*: Wachtraumtherapie, Klett-Cotta, Stuttgart 1985.

17) *Weiss, T.*: Familientherapie ohne Familie, Kösel Verlag, München 1988, S. 93 ff.

18) *Miketta, G.*: Netzwerk Mensch, Georg Thieme Verlag, Stuttgart 1992.

19) *Schottenloher, G.*: Das therapeutische Potential spontanen bildnerischen Gestaltens, unter besonderer Berücksichtigung körpertherapeutischer Methoden, Hartung-Gorre Verlag, Konstanz 1989.

20) *Berne, E.*: Was sagen Sie, nachdem Sie "Guten Tag" gesagt haben?, Fischer TB, Frankfurt 1987, S. 43 ff.

21) *Teegen, F.*: Die Bildersprache des Körpers, Rowohlt, Reinbek bei Hamburg, 1992, S. 154.

22) *Feiereis, H.*: Diagnostik und Therapie der Magersucht und Bulimie, Hans Marseille Verlag, München 1989.

23) *Mayer, E.*: Weg vom Körper – Hin Zum Körper, perbilder mit eβgestörten Frauen, Unveröffentlichte Abschluβarbeit A. K. T. München, Okt. 1993.

24) *Kelemann, S.*: Verkörperte Gefühle, Kösel Verlag, München 1992.

25) *Kelemann, S.*: Verkörperte Gefühle, s. d., S. 40.

26) *Kelemann, S.*: Verkörperte Gefühle, s. d., S. 25.

27) *Silis, F.*: Energie-Arbeit, Goldmann Verlag, München 1993.

28) *Uexküll, Th. v.*: Psychosomatische Medizin, Urban und Schwarzenberg, München 1990(4. Aufl.)

29) *Suzuki, S.*: Zen-Geist, Anfänger-Geist, Theseus Verlag, Zürich 1982.

30) *Friedell, E.*: Kulturgeschichte Ägyptens und des Alten Orients, Verlag C. H. Beck, München 1967, S. 85 ff.

31) *Johannsen, A.*: Persönlichkeit und Körperschema von Patienten mit chronischen Störungen im Herz-Kreislauf-und Magen-Darm-Bereich, Springer Verlag, Berlin 1986.

32) *Rohde-Dachser, C.*: Das Borderline-Syndrom, Verlag Hans Huber, Bern 1983, S. 41 ff.

33) *Kelemann, S.*: Verkörperte Gefühle, s. o., S. 101 ff.

34) *Descartes, R.*: über den Menschen (1632) sowie Beschreibung des menschlichen Körpers (1648), übersetzt von K. E. Rothschuh, Verlag Lambert Schneider, Heidelberg 1969.

35) *Grof, S.*: Das Abenteuer der Selbstentdeckung, rororo transformation, Reinbek bei Hamburg 1994, S. 201 ff.

36) Hans mein Igel, in: Kinder-und Hausmärchen, gesammelt durch die Brüder Grimm, Reclam Leipzig 1902, 2. Bd., S. 100.

37) *Grof, S.*: Das Abenteuer der Selbstentdeckung, s. o., S. 201ff.

38) *Boorstein, S.* (Hrsg.): Transpersonale Psychotherapie, Scherz Verlag Bern, München, Wien 1988.

39) *Bendetti, G.*: Psychotherapie als existentielle Herausforderung,

Vandenhoeck & Ruprecht, Göttbtingen 1992, S. 214ff.

40) *Kübler-Ross, E.*: Verstehen, was Sterbende sagen wollen, Einfürung in ihre symbolische Sprache, Kreuz Verlag, Stuttgart 1982.

41) *Schottenloher, G.*: Kunst-und Gestaltungstherapie in der pädagogischen Praxis, Don Bosco Verlag 1983, S. 50.

42) *Egger, B.*: Bilder verstehen, Zytglogge-Werkbuch, Bern 1984.

43) *Baukus, P.*: Neurobiologische Grundlagen der Kunsttherapie, in: P. Baukus und J. Thies: Aktuelle Tendenzen in der Kunsttherapie, Gustav Fischer Verlag, Stuttgart, Jena, New York 1993.

44) *Cliffort, T.*: Tibetische Heilkunst, O. W. Barth Verlag 1986, S. 32 ff.

45) *Whitmont, E. C.*: Konflikt-Krankheit, U. Burgdorf-Verlag für homöopathische Literatur, Göttingen 1988, S. 96 ff.

46) *Weinreb, F.*: Vom Geheimnis der mystischen Rose, Weiler: Thauros 1983, S. 14 ff.

47) *Bandler, R.-Grinder, J.*: Neue Wege der Kurzzeit-Therapie, Neurolinguistsche Programme, Junfermann Verlag, Paderborn 1984.

48) *Berne, E.*: Was sagen Sie, nachdem Sie "Guten Tag" gesagt haben?, Fischer TB, Frankfurt am Main 1987.

49) *Freud, S.*: Jenseits des Lustprinzips, Werkausgabe Bd. I, S. Fischer Verlag, Frankfurt 1978, S. 193 ff.

50) *Weber, G.* (Hrsg.): Zweierlei Glück. Die systematische Psychotherapie Bert Hellingers, Auer-Verlag, Heidelberg 1993.

51) Handwörterbuch des deutschen Aberglaubens, Verlag De Gruyter & Co., Berlin und Leipzig 1932/1933, Bd. IV, S. 478 ff.

52) *Amery, C.*: Das Geheimnis der Krypta, Heyne Verlag, Allg. Reihe 1992.

53) *Molzberger*: Synergetische Zusammenarbeit, München o. J., S. 12.

54) *Osten, H.*: Über die Welt und über Gott, Context Verlag, Bielefeld 1993, S. 18.

55) *Watzlawick, P., Weakland, J. H., Fisch, R.*: Lösungen, Verlag Hans Huber, Bern, Stuttgart, Wien 1979, S. 42 ff.

다음 쪽수의 그림은 저자 자료다.

16, 18, 32, 33, 39, 49, 54, 56, 73, 100, 110, 111, 133, 139, 182, 202, 204, 290

38쪽 그림: Der Pharao opfert der Sonne. Aus: Herder: Lexikon der Symbole, Herder, Freiburg, Basel, Wien, 7, Auflage 1978, S. 157.

38쪽 그림: Ein Skarabus den man auf das Herz legte und der den Schlüssel zur überirdischen Rettung darstellte. Aus: Das Tal der Könige und der Königinnen, A. A. Gaddis & Co., Luxor 1993.

39쪽 그림: Christliches (koptisches) Kreuz im ägyptischen Tempelbereich von Dendera. Aus: Der Tempel von Dendera. White Star, Vercelli, Italy 1993.

41쪽 그림: Ägyptischer Gott in Gestalt eines Krokodils (Hareb) wird von einer Verstorbenen am Ufer des Weltflusses angebetet. Aus: Totenbuch der Heriuben, 21. Dynastie. Zitiert bei Herder, Lexikon der Symbole, s. o., S. 94.

41쪽 그림: 1 Halmafigur; 2+3 flache, farbige Holzfiguren; 4-7 runde, gedrechselte Holzfiguren; alle verkleinert.

42쪽 그림: Ernte in Theben/Grab des Menne, Vorderwand der Eingangshalle, Zeit: 1420-1411 v. Chr. Aus: Champdor, A.: Altägyptische Malerei. Seemann Buch- und Kunstverlag, Leipzig 1957, S. 165 ff.

49쪽 그림: Man nimmt an, daß Tumorzellen spezielle Erkennungsmoleküle besitzen. Diese Antigene (woher sie auch immer kommen-eine Möglichkeit wären krebserregende Viren) sollten vom Immunsystem erkannt werden und zur Vernichtung der Tumorzelle führen. Wenn antigenpräsentierende Zellen. wie Makrophagen, solche Antigene aufnehmen, werden T-und B-Zellen stimuliert. Dann kommt es entweder zur Ausschüttung zellzerstörender Enzyme oder zur Produktion von Antikörpern. Miketta, G.: Netzwerk Mensch, Psychoimmunologie: Den Verbindungen von Körper und Seele auf der Spur, Georg Thieme Verlag, Stuttgart 1992, S. 95.

50쪽 그림: Netzwerk Mensch, s. o. S. 22.

51쪽 그림: Verdauung im Magen, Wechselwirkung von nervösem (psychrischem!) und sekretorischem Geschehen, Pschyrembel, Klinisches Wörterbuch, Walter De Gruyter, Berlin, New York 1986, S. 1005.

52쪽 그림: Herrlinger, R.: Geschichte der medizinischen Abbildung, Band 1, Heinz Moos Verlag, München 1967, S. 61.

76쪽 위 그림: Thrombangiitis obliterans (Gefäßerkrankung mit Verengung der Gefäßlichtung) einer Unterschenkelarterie. Thomas, C.: Histopathologie, Schattauer Verlag, Stuttgart 1992, S. 82.

77쪽 그림: Kapillare aus der Kleinhirnrinde. Kühnel, W.: Taschenatlas der Zytologie und mikroskopischen Anatomie, Georg Thieme Verlag,

Stuttgart 1981, S. 147.

79쪽 그림:　Das Kontinuum von Erregung und Pulsation. Aus: Kelemann, S.:
Verkörperte Gefühle, Kösel Verlag, München 1992, S. 25.

80~83쪽 그림:　　Sills, F.: Energie−Arbeit. Goldmann Verlag, München 1993.

84쪽 그림:　Die Chakras nach Gichtel. Aus: Leadbeater, C. W.: Die Chakras,
Hermann Bauer Verlag, Freiburg i. Br. 1935, S. 12.

91쪽 그림:　Herzbeschwerden-Bilder. Aus: Johannsen, A.: Persönlichkeit und
Körperschema von Patienten mit chronischen Störungen im Herz-
Kreislauf-und Magen-Darm-Bereich, Springer Verlag, Berlin, Heidelberg,
New York 1986, S. 87.

92쪽 그림:　Herrlinger, Robert: Geschichte der medizinischen Abbildung,
Band I, von der Antike bis 1600, Heinz Moos Verlag, München 1967, S.
13.

93쪽 그림:　Blutkreislauf des Erwachsenen. Aus: Pschyrembel, s. o., S. 219.

93쪽 그림:　Arterienverschlüsse im Bereich der Aorta und Beckenarterien.
Pschyrembel, s. d., S. 100.

93쪽 그림:　Blutkreislauf der Isis oder Isis-Knoten. Aus: Herder: Lexikon der
Symbole, s. d., S. 88.

105쪽 그림: Oesophagusdivertikel: Krankhafte Ausstülpungen und
Wandausbuchtungen der Speiseröhre. Aus: Pschyrembel, s. o., S. 1199.

114쪽 위 왼쪽 그림: Quergestreifte Muskulatur. Kühnel, K.: Taschenatlas der
Zytologie, s. d., S. 113.

114쪽 위 오른쪽 그림: Filzartiges Bindegewebe. Kühnel, K.: Taschenatlas der
Zytologie, s. d., S. 91.

114쪽 아래 왼쪽 그림: 'überbegrenzt'. Kelemann, S.: Verkörperte Gefühle, s.
d., S. 101.

114쪽 아래 오른쪽 그림: 'Unterbegrenzt'. Kelemann, S., s. d., S. 102.

125쪽 그림: Sehen und Zeigen, Tasten und Raumgefühl. Aus: Descartes, L'
Homme (1664). Französische Ausgabe von Florentius Schuyl mit
Holzschnitten. Aus: Putscher, M.: Geschichte der medizinischen
Abbildung, Band I, von 1600 bis zur Gegenwart. Heinz Moos Verlag,
München 1972, S. 90.

126쪽 그림: Die Sehbahn. Li.: schematische Darstellung des Sehbahnen-
Verlaufs mit zugehörigen Gesichtsfeldern; Mitte und re.: Schädigungen
der Sehbahn mit entspr. Gesichtsfeldausfällen. Pschyrembel, s. d., S.
1531.

128쪽 그림: Ohrenstele, Kalksetein bemalt, Theben um 1200 v. Chr. Zabern,
P. von: Das Ägyptische Museum Kairo, Verlag Philipp von Zabern,
Mainz 1986, Nr. 221.

129쪽 그림: Abgeteilte Räume oder Beutel erfüllen spezielle Funktionen,
etwas modifiziert. Aus: Kelemann, S.: Verkörperte Gefühle, Kösel
Verlag, München 1992, S. 46.

140쪽 그림: Tibetisches medizinisches Diagramm, das die Kanäle ('Leben-
sadern') und Zentren (Chakras) feinstofflicher Energie im menschlichen
Körper darstellt. Clifford, T.: Tibetische Heilkunst, Otto Wilhelm Barth
Verlag, 1. Aufl. 1986, S. 58.

154쪽 왼쪽 그림: Die selbstaufgehaltenen Bauchdecken. Aus: Berengario,
Commentaria links: 1521 und Isagogae 1523. In: Herrlinger, R.:
Geschichte der medizinischen Abbildung Band I, Heinz Moos Verlag,
München 1967, S. 84.

154쪽 오른쪽 그림: Die selbstaufgehaltenen Bauchdecken. Aus: Mondino,
Paris 1532. In: Herrlinger, R.: Geschichte der medizinischen Abbildung

Band I, Heinz Moos Verlag, München 1967, S. 84.

163쪽 그림: Mensch als Mikrokosmos mit Licht-und Schattenzonen; nach einer Darstellung in Poberto Fludd, Utriusque Cosmi Historia, Oppenheim, 1619. Aus: Herder: Lexikon der Symbole, s. d., S. 109.

163쪽 그림: Der Mensch als Entsprechung des Kosmos. Er ist hineingestellt in den Tierkreis; die Planetenkräfte wirken auf ihn ein (äußerer und innerer Kreis); er besteht aus den vier Elementen (die vier Dreiecke außen); Kräuter und Steine-die belebte und unbelebte Natur-gehören zu seinem Wesen ebenso wie das Wort als Manifestation des Lufting-Geistigen, Aus: Jakobi, J.: Vom Bilderreich der Seele. Walter Verlag, Olten und Freiburg 1985, S. 19.

165~166쪽 그림: Transmitter-Stoffwechsel einer Nervenendigung und Zitronensäurezyklus, aus Pschyrembel, s. o.

167쪽 위 그림: Schock: Veränderungen der Mikrozirkulation, Ursachen und oben: Gegenmaßnahmen. Aus: Pschyrembel, s. o., S. 1513.

167쪽 아래 그림: Bypass-Operation: Umgehungsplastik/Gefäßüberbrückung. unten: Pschyrembel, Klinisches Wörterbuch, s. d., S. 249.

171쪽 그림: Vakuumextraktor (Saugglocke): Geburtshilfliches Cerät zur oben: Entwicklung des kindlichen Kopfes. Aus: Pschyrembel, Klinisches Wörterbuch, Walter de Gruyter, Berlin 1986, S. 1754.

172쪽 그림: Nabelschnurumschlingung: häufig vorkommende Umschlingung der unten: Frucht (Hals, Arme, Schultern, Beine) durch d. Nabelschnur, meist bei zu langer Nabelschnur, inf. Zuziehense e. solchen Schlinge kann es zu Entwicklungsstörungen od. Erdrosselung d. Kindes kommen, In: Pschyrembel, s. o., S. 1128.

198쪽 그림: Thanka mit einer Darstellung des Bhavachakra, des 'Leben-

srades' Der Reif zeigt die zwölf Glieder der bedingten Entstehung, eine
Kette von Kausalfaktoren, die das Lebensrad in Bewegung halten. Das
Mittel zur Befreiung aus diesem Teufelskreis des Leidens ist die Medizin
des Dharma. Aus: Clifford, Tibetische Heilkunst, s. d., S. 40.

207쪽 그림: Die Reise, die der Pilger im 'Pilgrim's Progress' des englischen
Schriftstellers John Bunyan (1678) machte (die Reise ist eine
Kreisbewegung in Richtung auf eine innere Mitte). Aus: C. G. Jung: Der
Mensch und seine Symbole, s. d., S. 150.

301쪽 그림: König Sethi I. und die Göttin Isis richten den Djed-Pfeiler, die
Wirbelsäule des toten Gottes Osiris, wieder auf. Aus: Der Tempel von
Abydos, Tempel. White Star, Vercelly, Italy.

331쪽 그림: Trpischer zeitlicher Ablauf von Synergieprozssen nach
Molzberger. Aus: Osten, H. v.: Über die Welt und über Gott. Context
Verlag, Bielefeld 1993, S. 18.

341~342쪽 그림: Aus: Watzlawick, P., Weakland, J. H., Fisch, R.: Lösungen.
Zur Theorie und Praxis menschlichen Wandels, Verlag Hans Huber,
Bern, Göttingen, Toronto, 5. Auflage 1992. S. 44/45.

저자 소개

Gisela Schmeer
의학박사이자 심리학 전공으로 석사학위를 받았다. 심리치료사, 미술치료사 및 정신
분석가로서 현재는 의학대학 강사이자 2005년부터 뮌헨 조형예술 아카데미 예술치
료대학원 교수로 재직 중이다.

역자 소개

정여주
독일 쾰른 대학교 교육학 석사 · 박사학위 취득
미술치료 전문가, 아동심리치료 전문가, 아동상담 전문가
서울여자대학교 교수, 원광대학교 초빙교수, 동국대학교 겸임교수 역임
현재 차의과학대학교 미술치료대학원 원장
정여주미술치료연구소 소장(www.jbaum.kr)
상담 및 개인치료, 미술치료 교육, 워크숍, 미술치료 관련 연구논문 발표와 프로
젝트 실시
저서: 만다라 그리기 시리즈(학지사), 미술교육과 문화(학지사), 노인미술치료(학지사),
미술치료의 이해(학지사), 만다라와 미술치료(학지사), 상호작용놀이를 통한 집
단상담(공저, 학지사)
역서: 치유로서의 그림(학지사), 그림 속의 나(공역, 학지사), 루돌프 슈타이너의 인지
학 예술치료(공역, 학지사), 색의 신비(학지사), 미술치료(학지사)

김정애
독일 뮌헨 국립조형미술대학 서양화과 디프롬
동 대학 예술치료 대학원 석사학위 취득
독일 예술치료 전문가 자격증 취득
슈메어 박사 정신분석미술치료 슈퍼바이저 과정 이수
가천의과학대학교 일반대학원 보건학 박사학위 취득
독일 라벤스부르크 조형미술전문대학 서양화과 강사 역임
원광대학교 보건환경대학원 미술치료학과 강사 역임
가천의과학대학교 특수대학원 임상미술 겸임교수 역임
현재 동국대학교 문화예술대학원 예술치료학과 겸임교수

역서: 그림 속의 나(공역, 학지사)

정신분석적 미술치료
Krisen auf dem Lebensweg

2011년 5월 30일 1판 1쇄 발행
2024년 1월 25일 1판 3쇄 발행

지은이 • Gisela Schmeer
옮긴이 • 정여주 · 김정애
펴낸이 • 김 진 환
펴낸곳 • (주) **학지사**
       04031 서울특별시 마포구 양화로 15길 20 마인드월드빌딩 5층
대표전화 • 02) 330-5114   팩스 • 02) 324-2345
등록번호 • 제313-2006-000265호

홈페이지 • http://www.hakjisa.co.kr
인스타그램 • https://www.instagram.com/hakjisabook/

ISBN 978-89-6330-684-1 93180

정가 16,000원

출판미디어기업 학지사

간호보건의학출판 **학지사메디컬** www.hakjisamd.co.kr
심리검사연구소 **인싸이트** www.inpsyt.co.kr
학술논문서비스 **뉴논문** www.newnonmun.com
원격교육연수원 **카운피아** www.counpia.com